元宇宙
探险与掘金之旅

罗梅芳 郑玉山 孟云 马俊杰◎等编著

电子工业出版社
Publishing House of Electronics Industry
北京·BEIJING

内 容 简 介

元宇宙自何方来？未来又向何处去？是科技的泡沫？还是颠覆性的创新？

本书将叙述"元宇宙+游戏""元宇宙+数字空间""元宇宙+医疗"等头部项目的表现，以及用户体验和行业发展现状等，从人们生活场景的角度，展开描绘元宇宙的未来图景。本书还将阐述元宇宙的新商业模式与投资机会，讨论当前元宇宙领域的企业平台、资本投资、要素市场等方面的话题，指引与元宇宙相关的企业经营管理、资本投资和个人布局。

对于元宇宙领域从业者、投资者、经营管理者来说，这是一本上佳的读物。

图书在版编目（CIP）数据

元宇宙：探险与掘金之旅 /罗梅芳等编著. —北京：电子工业出版社，2022.5
ISBN 978-7-121-43306-1

Ⅰ. ①元… Ⅱ. ①罗… Ⅲ. ①信息经济 Ⅳ. ①F49

中国版本图书馆 CIP 数据核字（2022）第 071497 号

责任编辑：孙学瑛
印　　刷：天津千鹤文化传播有限公司
装　　订：天津千鹤文化传播有限公司
出版发行：电子工业出版社
　　　　　北京市海淀区万寿路 173 信箱　　　邮编：100036
开　　本：720×1000　　1/16　　印张：13.25　　字数：265 千字
版　　次：2022 年 5 月第 1 版
印　　次：2022 年 5 月第 1 次印刷
定　　价：69.00 元

编委及作者名单（按姓氏拼音字母顺序排名）

主　　编：罗梅芳

编　　委：戴伟康　贺　威　吴一波

作者名单：贺　威　姜　疆　刘凌超　罗梅芳

　　　　　马俊杰　孟　云　钱梦蝶　孙　赫

　　　　　王青水　王岳华　余维仁　郑博谦

　　　　　郑玉山

元宇宙的无限投资机会

元宇宙似烈火烹油，让人感受到扑面而来的灼热感。

最近不断有人问我：元宇宙的投资机会在哪里？应该怎么入局元宇宙？回答这类问题，可以从几千年来人类社会对虚拟世界的不断追寻说起，如"庄周梦蝶"的典故；也可以从数十年来数字技术的发展过程细细道来，如尼葛洛庞帝的《数字化生存》。要把对元宇宙的投资说得让人明白，可是一个力气活。

日复一日地和不同的人说着同样的话，难免会生出疲劳感。正想着，如果有人能把投资元宇宙的事情写成一本书，一定是一边"修得无量功德"，一边博取"畅销书"美誉的大好事。巧了！"链证经济"组织编写的《元宇宙：探险与掘金之旅》即将出版。看书名就知道这是一本从投资角度讲解元宇宙的"专精特新"之作。对我而言，这正是"江晚正愁余，山深闻鹧鸪"的元宇宙体验啊！

关于元宇宙的投资体系，我也做了一些梳理，并将其总结为元宇宙投资机会的四个"四"。

第一个"四"指开发元宇宙的四大工具：UE5（虚幻引擎）、Unity 等游戏引擎，用于搭建元宇宙的 3D 环境；数字孪生技术，如英伟达的 Omniverse 平台；数字原生的各种低代码、无代码的 AIGC 算法；虚实相生的 3D 扫描、3D 建模、3D 仿真和 3D 打印系统。

第二个"四"指搭建元宇宙的四大平台：提供带宽、存储和计算的 ICT 平台；提供元宇宙入口的 VR（Virtual Reality，虚拟现实）、AR（Augmented Reality，增强现实）、MR（Mixed Reality，混合现实）、XR（Extended Reality，扩展现实）硬件平台；提供元宇宙编程语言、AI算法、游戏引擎、虚拟现实设计开发的工具平台；提供元宇宙中数字原生的虚拟人物和数字孪生的数字分身的数字身份（DID）认证平台。

第三个"四"指运行元宇宙的四大系统：包括通信网络、信息网络和价值网络的分布式网络系统；基于利益相关者经济机制的、不同于股东资本主义的自组织治理与激励系统；基于数字货币、数字资产和数字通证的去中心化金融系统；虚实相对、虚实相成、虚实相生的三维虚拟现实系统。

第四个"四"指参与元宇宙的四种角色：工具提供者，如英伟达、微软等；平台建造者，如Facebook[1]、腾讯等；应用建设者，如 *Roblox*、《堡垒之夜》等；内容创作者等。

元宇宙还处于早期雏形阶段，这样的分析当然不能覆盖全部，更不能覆盖元宇宙那具有无限可能的未来。唯愿以此作为本书的一个侧证，给大家提供一个"靶子"。

早期互联网投资界有一句名言：先射击，再瞄准。意思就是面对一个具有无限可能的崭新前景，你不可能一早就有清晰的目标，只要大方向正确，就应该大胆投资。以此与各位读者共勉！

肖风

中国万向控股有限公司副董事长兼执行董事、

上海万向区块链股份公司董事长兼总经理

---

1 Facebook 于 2021 年 10 月更名为 Meta，因作者的表达习惯，本书保留 Facebook 的名称。

元宇宙：重构想象的边界

说起元宇宙，大家往往会提到尼尔·斯蒂芬森的科幻小说《雪崩》。那时候，Metaverse 这个被创造出来的词语，并没有一个被认可和接受的中文翻译。迄今为止，我们还可以时不时看到不同的译法。还有一种比较常见的翻译是"元界"。这是一个有趣且符合华人文化的译法。我们华人讲，世界有"天、地、人"三界，也就是"仙界"、"冥界"和"凡界"。说到"元界"，总会让我想到那个"跳出三界外，不在五行中"的齐天大圣孙悟空。这个比喻倒也贴切，因为三界里的"神仙、皇帝、鬼怪"都管不了那个独立小宇宙中的孙大圣。而这个浑身充满了"颠覆"元素和潜质的孙猴子又把"三界"闹了个天翻地覆。这倒是和我们今天在各种场合讨论的"元宇宙的颠覆性"有几分异曲同工的妙处。

言归正传，元宇宙作为数字技术发展的"新物种"，是一个多种前沿科技的复合体。元宇宙新型的虚实相融的互联网应用，及其可能催生的新的社会形态，这一切都有可能改变我们对时间和空间的认知。我们在现实世界中旅行，是探寻"诗和远方"的历程；元宇宙可以进一步拓展我们对远方的时空体验。我们可以进入一个真实和虚拟混合的"元界"，与古人相遇，与先贤对话。"举杯邀明月，对影成三人"，在元宇宙中，你可以和诗仙李太白一起"将进酒，杯莫停"，你可以告诉他，虽然"蜀道难，难于上青天"，但是"雄关漫道真如铁，而今迈步从头越"。对了，这就是年轻人说的"穿越"。关公战秦琼，不再是侯宝林大师的段子了，张飞和李逵也可以比试一下，看看谁的脸黑，谁的嗓门大。

如果任由想象力驰骋纵横，那么我们甚至可以同时身处另一个平行的世界里。我们在虚拟世界中所做的，可以在现实世界中"克隆"，或者说，成为虚实两界的"双胞胎"。元宇宙是 meta（超越）+verse（宇宙），是一种超越现实的虚拟宇宙。新兴技术的综合应用，使得这个新类型的虚拟世界的元素空前丰富。因此，元宇宙也会改变我们对虚拟空间所有权的原有认知。在元宇宙中，倡导产权的保护是至关重要的。这种所有权"以人为本"，致力于"共同富裕"和"普惠包容"。我们看到传统的私有产权，即便在非中心化[1]的网络中，仍然可以是永久的，甚至是永恒的，但是这种产权的存在形式本身，未来可能是存在社会风险的。"风可以进来，雨可以进来，国王却不可以进来"的传统，将私有产权视为绝对的、不可触碰的，这种做法曾经是进步的、先进的，但是在未来它是不可持续的。在第四次工业革命的进程中，传统的所有权认知和所有权文化，对于世界的可持续性和网络的稳定性，会产生越来越多的影响和挑战，因为从社会治理的层面上讲，我们要防止"赢者通吃"和"AI 垄断"的局面出现。因此，为了元宇宙的可持续性和稳定性，我们有必要以更广泛的视角来看待所有权，也就是说，元宇宙中的所有人都应该拥有使用整个元宇宙中的创造物的权利，也就是真正意义上的资产共享和所有权共享。元宇宙中的私有财产应该从属于共同的使用权，服从于物品是为元宇宙中的每一个人准备的事实。没有这种"利他"的、"人人为我，我为人人"的共享和服务文化，也就无异于当下存在的各种形式的网络，就不是真正的元宇宙。

当然，这些只是我们现在对于元宇宙的理论性认识，有的读者可能认为这样的认识太过于完美，是不是"镜花水月"了呀？我们现在明确地知道，在元宇宙中，"镜花水月"是完全可以实现的。但实话实说，目前我们能看到的实践，还都非常稚嫩，有太多的问题还有待思考，有太多的挑战还完全没有解决方案，比如上面提到的产权问题。同时，我们的组织和社会治理架构，也还没有做好相关的准备。学者和业界的实践者、创业者，还需要给社会大众更多的知识普及和教育。回顾历史上的历次工业浪潮，凡能产生颠覆性的技术应用，一定同时带来生产关系的范式转换（Paradigm Shift）。元宇宙也不会例外，因此这里还有太多的哲学问题、科学问题、社会问题，甚至虚拟人口问题有待我们思考和给出答案。如果元宇宙对于我们而言是一个需要从头认识的新宇宙的话，那么我们目前对于这个新宇宙的认识，还仅仅处于"物种起源"的命题和提出基本假设（Fundamental Assumption）的阶段。2021 年，元宇宙概念可以说火爆到了无以复加的地步，微软推出办公元宇宙（Mesh for Teams），Facebook 甚至更名为 Meta。这些当然会提升科技、数字经济领域和大众对这个新概念的关注，但是要推广和普及，我们还任重道远。

---

1 非中心化的意思不是要把中心去掉，从治理的角度看还是中心化，但可以在资金、服务等方面去中心化。

我们提出过数字经济的 6Ds 原则：数字化（Digitalisation）、去中介化（Disintermediation）、平民化（Democratisation）、非中心化（Decentralisation）、数据私密化（Data Privacy）和无我精神（Disappearance: Self-diminishing）。我们看到，前三个"D"已有巨大的进步和丰硕的成果，但是在后三个"D"上，"欲渡黄河冰塞川，将登太行雪满山"，由于各种各样的原因，我们踌躇、犹豫、止步不前。现在元宇宙来了，元宇宙的目标是在数字世界实现虚实两界的融合，提供给我们一个更加稳定和安全，有包容性和可持续性，可以实现"汇通天下"、"慧通天下"和"惠通天下"，维护每个参与者的利益的"太虚"，那么在这个新的宇宙中，我们需要有"太上"的治理和道德，"不知有之"，又无处不在。没有教育、知识和能力，就很难理解元宇宙的复杂文化，更不用妄谈制定战略规划和落地实施了。因此，本书的出版恰逢其时，可以帮助我们建立更好的有关元宇宙的认识，了解基础的知识，掌握基本的能力。

李国权　全球金融科技学院主席

闫黎　新加坡区块链协会副会长

开启另类探险与掘金

如果在"谷歌趋势"页面检索"Metaverse"（中文翻译为"元宇宙"）关键词，不难发现：自 2021 年 3 月下旬以来，中国和海外华人影响力较大的国家和地区，成为全球范围内检索元宇宙概念的中心。这是一个值得思考的历史性和文化性现象，很可能中华文化与元宇宙存在某种文化的、哲学的和心理的深层次关联性。

与此同时，在中国，关于元宇宙的文章、图书、研讨会，高密度地进入人们的视野，这些现象不仅引发各界人士对"元宇宙"进行多样的解读，而且刺激了资本界、投资界和企业界人士的关注和参与。含有元宇宙元素的公司上市和 Facebook 的更名改姓更产生了推波助澜的效果。

在这样的背景下，"链证经济"编写的这本《元宇宙：探险与掘金之旅》出版恰逢其时。在书中，十多位行业专家从不同角度探讨了元宇宙的概念与应用，成就了这样一本"元宇宙热"中具有显著科普特征的图书。

这本书的书名强调了"探险"和"掘金"。人们对于元宇宙的认知尚处于早期阶段，而元宇宙是一个充满想象力的未知世界，需要探险精神。纵观人类历史，从走出非洲一直到现今，"探险"如影相随。近现代历史记载了太多一往无前和前赴后继的探险故事，马可·波罗、哥伦布、麦哲伦、罗伯特·皮里、阿梅莉亚·埃尔哈特都是近现代探险家的代表人物。可以说，探险精神和行动是建构人类现代疆域、空间、经济和社会的重要前提。与探险精神和行为相联系的还有 19 世纪中叶发生在美国加州（加利福尼亚州）的"淘金"热潮，这加快了现代资本主义的原始资本积累，推动了美国资本主义的进程。仅仅在 1852 年，就有超过 2 万名中国矿工在"金山"（美国加州）落脚，在种族主义排外、欺凌下，劳作掘金，负重前行，为美国西部的繁荣做出了不朽贡献。

如果说，上述的"探险"和"淘金"发生在现实世界，那么，元宇宙引发的"探险"和"掘金"则发生在数字世界和虚拟疆域。

这本书在以下三个方面有所突破，有所创意：首先，通过解构元宇宙相关概念和技术，探讨了元宇宙由何而来、向何而去的基本问题；其次，通过分析当前元宇宙领域中的参与产业与投资机遇，以及区块链技术所扮演的角色，为读者拆解元宇宙产业链条并厘清投资思路；最后，探讨元宇宙与法律制度、数字永生、理想社会、医疗、数字孪生、Web 3.0、游戏金融（GameFi）和品牌 3.0 等 8 个方面的相关性。

这本书最值得称赞的是，图书的设计者在正视和承认当下人们对于元宇宙存在认知上的种种差异的前提下，在求同存异方面做了努力，定义元宇宙是"超越现实世界的物理隔阂，是一个持续存在的虚拟空间"，进而提取元宇宙的 5 大显著特征："持续性与兼容性""实时性与真实感""共享性与可连接性""开放自由与可创造性""经济属性与系统稳定"。作者们指出了元宇宙的两大基础设施是分布式计算与分布式存储，阐明了技术基础设施在构建元宇宙中的决定性作用。不仅如此，作者们还试图描述元宇宙的若干局限性和值得警惕的方面，包括"数字鸿沟""5G/F5G 渗透率""VR 设备发展瓶颈""存储能力""网络承载能力""网络犯罪"。这些问题确实正在成为阻碍元宇宙发展的羁绊，需要我们面对和解决。

阅读本书，可以感受到作者们对元宇宙未来的积极态度和希望。作者们提出："有区块链的元宇宙才能被称为真正的元宇宙，其中区块链发挥核心作用"——"在区块链融入之前，元宇宙只能是游戏。在区块链融入之后，加入了金融治理、自治组织和分布式商业等概念，元宇宙就成了一个真正的虚拟社会。"作者们描绘了在不远的将来，虚拟世界与实体世界之间的永不停歇的碰撞、交互、影响——一切皆以"人"为中心，一切皆回归到我们"人"的工作与生活。

在科学技术，特别是数字化技术的发展不断加速的今日，构建和嵌入元宇宙架构，踏入可以由自我意志构建的数字情境，进而实现与复杂人工智能的共处和融合，最终形成不依赖传统人类的自循环的生态体系，这些都是人们不得不面对和思考的问题。在这些方面，《元宇宙：探险与掘金之旅》所包含的思想、论述、诠释和例证，无疑会给读者带来深度思考、想象和警醒。

因为元宇宙，基于数字和智能的人类未来如同一个卷轴画面正在缓缓展开——在这个画面中，当下的碳基人类，未来包含硅基元素的人类、数字人类将和平共处，共同发展。在此，以美国科幻小说家 Russell Hoban（1925—2011）的话作为总结："我们创作虚构作品，是因为我们就是虚构作品……它带我们来到世上，也使我们得以继续存在。"我们人类和元宇宙的关系，莫不如此。

朱嘉明

横琴数链数字金融研究院学术与技术委员会主席

元 未 来

1999 年，《时代》周刊评选出了 50 位数字英雄，杰夫·贝索斯、比尔·盖茨、史蒂夫·乔布斯等鼎鼎大名的人物赫然在列，与诸多的世界首富、企业家不同，有一位科幻作家——尼尔·斯蒂芬森也位列其中，入选理由是，他的书塑造和影响了整整一批 IT 人。

科幻作家用作品为人类编织了一个有关未来的"史诗之梦"，无数人从中获得灵感，这是元宇宙席卷全球的力量源泉，它以时代为温床，孕育出人类梦想的集合体，彻底点燃了我们对未来"第二世界"的美好期待。

梦想逐渐照进现实，元宇宙是一个怎样的未来世界？事实上，Metaverse 是一个统称，它还包括 Metasocieties、Metaspaces、Metalives、Metaeconomy 等。在元宇宙中，对应的是"元社会""元空间""元生活"，以及全新的"元经济"系统。

元社会

元宇宙是一种虚拟世界与现实世界逐渐融合的社会形态，在早期阶段，我们可以将其理解为互联网社会的升级版。2020 年是人类历史上不可遗忘的一年，新冠肺炎疫情使得我们的社会生活发生了巨大变化。在中国严格的疫情防控措施之下，生活与办公等社会形态逐渐从线下走向线上，虚拟化势不可当，进一步催生了"线上经济"和"虚拟经济"；更重要的是，虚拟化逐渐成为常态，大部分人或被迫接受 Metasocieties（元社会）。

疫情正推动着社会形态走向虚拟化，同时也催生了元社会的到来。比如老年人需要学会使用手机网络，必须使用健康码、行程码；工作人群需要使用远程办公软件；家长和孩子需要接受线上授课模式；普通民众线下购物的时间越来越少，线上买菜、社区团购模式因此得以快速崛起。

元空间

在元宇宙的组成元素中，沉浸式的虚拟空间必不可少。正如现实中的生存空间一样，人们要在虚拟空间中参与文化、社交和娱乐等活动。

从游戏行业的角度来看，游戏可以看作元宇宙的大门，游戏世界就是元宇宙；从区块链行业的角度来看，在真正进入游戏场景之前，Metaspaces（元空间）是踏入元宇宙的第一步，也就是承载游戏场景的虚拟空间，或者说是链上虚拟空间。极具未来前景的应用场景，比如市值超过20亿美元的 Decentraland，曾出售了很多"虚拟土地"。

像素级的画风、粗糙的建模，是人们目前对 Metaspaces 的第一印象，或许每块虚拟空间都将价值不菲，投资热情让成交价格越来越高。现在 Metaspaces 还处于行业早期，这种状况的发展也在一定程度上决定了元宇宙的走向。

元生活

"元社会"和"元空间"重新定义了人类生活的方式和生活场景。美国著名说唱歌手 Travis Scott 在《堡垒之夜》游戏中的表演令人印象深刻。在元宇宙中，Metalives（元生活）就是体验跨越时空与自由交互的乐趣。

可以预见的是，未来将有越来越多的电影、体育赛事和演出活动将从线下走向虚拟空间，我们在生活中的所有场景都将被移植到元宇宙中来，我们的生活习惯也将发生翻天覆地的变化。

就像我们已经习惯用的触摸屏，起源于 20 世纪 70 年代，但三十多年后才通过 iPhone 手机进入大众市场，改变了我们的生活习惯。VR 硬件设备在经历了数次热潮之后，或许将在元宇宙出现后更加普及，届时我们操作仪器或许就会像科幻电影中那样。

元经济

据摩根士丹利分析师称，元宇宙可能成为"下一代社交媒体、流媒体，以及游戏平台"。经预测，元宇宙的潜在市场总额将超过 8 万亿美元。

关于元宇宙的潜力，各界诸多的报道和讨论也足以印证这一点。NFT 和 GameFi 游戏的"Play to Earn"吸引了很多人的目光。

Metaeconomy（元经济）随着生产和消费场景的变化而显现出独特的魅力。支付工具、交易平台、数字货币、服务机构等设施共同组建了元宇宙经济系统工具，在此基础之上"做好蛋糕、分好蛋糕"，生产、交换、分配、消费各方平衡，才能使新的经济系统健康成长，这无疑是一个巨大的冒险、挑战与机遇。

回过头来，我们再来看"Metaverse"。"Meta"既是复刻，也是超越，"元"就是让人们一定要做到某些在现实世界中做不到的事情，除了将复刻一些社会运行的关键逻辑，元宇宙的规则或许是一个新的开始。

本书作者

在诞生之初，元宇宙仍是一个不确定的概念，正在经历一个快速发展、演变的过程，不同的参与者将以自己的独特方式丰富其内涵。本书凝结了很多业内专业人士的智慧结晶，可以说也代表了行业水准。作者们分别在以下章节中对元宇宙展开了精彩演绎。

水滴资本创始合伙人郑玉山撰写了"元宇宙时代：从技术创新、区块链加持到投资落地"一节。在这节里，郑玉山介绍了元宇宙最重要的内涵是数字原生，它代表着现实世界事物拥有的属性并不会被代入元宇宙中，数字原生才是真正的元宇宙。

德鼎创新基金合伙人王岳华撰写了"元宇宙的产业投资方向"一节。在这节里，王岳华指出，在元宇宙这个领域里面，比较思维肯定是落后的判断，唯有全新的创造、创新才是我们要追求的目标，当然在其过程中免不了失败，但我们相信，凭借着人类智慧的不断演进，坚持开放与共享，我们价值投资所寻找的就是元宇宙的成功未来。

链证经济创始人罗梅芳撰写了"元宇宙时代下的品牌 IP 打造"一节。罗梅芳指出，在元宇宙的世界里，品牌将获得全维度的绽放。品牌方只有更加积极主动地把握、识别在这些虚拟空间中的创新机会，并为品牌在这些虚拟空间中创建一个真实可靠的未来，才能在元宇宙中成功地为自己的品牌故事开启新篇章。

孪数科技 CEO 马俊杰和 CTO 刘凌超共同撰写了"镜像，还是孪生——现实与虚拟世界的桥梁"一节。在这节里，他们认为数字孪生关注当下，元宇宙指向未来，拥有自己的数字生活体验，每一个普通人都会有自己的"元宇宙"。

贝壳智联创始人兼 CEO 贺威撰写了"GameFi 的大爆发"一节。贺威指出，GameFi 已经创造了一个全新、统一、有收益的玩家群体，这个群体通过游戏产生出资源，然后由玩家去消费，并帮助推动游戏经济的增长，是一种创新的游戏模式，也是未来元宇宙的生存方式之一。

成都影达科技有限公司 CEO 姜疆撰写了"医疗世界更容易接受元宇宙"一节。姜疆介绍了区块链技术将在漫长的人生中延续各种资产，医疗元宇宙需要在区块链上记录并呈现各种各样的资产。目前大部分商业模式并没有呈现出以个人健康数据资产为核心的生态，这正是我们未来的机遇之一。

Cabin VC 联合创始人孟云撰写了"元宇宙+区块链生态解析"一节。孟云指出，科技的发展是元宇宙进化的前提，从趋势上看，元宇宙正经历着从镜像模拟现实世界，到超越现实独立创新，逐渐开放，与现实世界相互融合并相互促进的过程，这个过程必将深入影响各个行业的发展形态。

北京盈科（上海）律师事务所高级合伙人律师钱梦蝶撰写了"元宇宙应用的法律思考"一节。钱梦蝶指出，元宇宙概念之下的应用在未来几年或将大有发展，在发展中遵循现有法律法规，注意防范法律风险，有助于元宇宙走得更远。

ND labs 联合创始人孙赫撰写了"元宇宙创建及持续发展的原动力：Web 3.0"一节。在这节里，孙赫指出，算力、人机交互、存储将共同构建元宇宙坚固的基石，支持着未来那些在现实世界中感觉压抑的人们、天马行空的艺术创作者、充满幻想的热血少年等群体，在平行虚拟世界中慰藉心灵、满足需求。

2Link Buidl 联合创始人王青水撰写了"元宇宙的博弈结构：从"黑暗森林"走向理想社会"一节，文中指出"黑暗森林法则"是现实世界的不完美，本质上都是因为信息结构的不完善和博弈关系的非合作性和对抗性倾向引起的，而链上元宇宙可以建立"合作博弈"与"和善利他"倾向的社会关系，这是改造现实世界、逼近理想社会的契机。

深圳市信息服务业区块链协会副会长余维仁撰写了"元宇宙爆炸'奇点'"一章，文中指出，随着元宇宙内容更加丰富与普及，未来会出现更多需求与虚拟游戏相结合的生活场景，产生出新的娱乐、社交、甚至新的协作方式。

Evolition Fund（进化论基金）创始人郑博谦撰写了"元宇宙投资踩点"一节。在这节里，郑博谦指出，目前风起云涌的元宇宙"新世象"，让我们看到了元宇宙将大量离散的单点创新聚合形成新物种，有超越想象的潜力，并将带来长期的投资机会。

在本书的成书过程中，尤其感谢 Cabin VC 的支持，同时感谢大西洲科技创始人彭顺丰为本书提供了宝贵的意见，感谢编委戴伟康、贺威、吴一波对本书的付出。

罗梅芳

链证经济创始人

Metaverse

探险篇

第1章
了解元宇宙

1.1　初识元宇宙

元宇宙概念的出现

一把打刀，一把肋差。

主角 Hiro 是一位配着武士刀的黑客，兼职送比萨外卖并与滑板女郎 Y.T.组成搭档。正是这对搭档，最后拯救人类逃离"信息末日"……

从 21 世纪的某一天开始，全球经济大崩溃，洛杉矶从美国联邦政府脱离出来，成为一个混乱无序的信息化都市，被大财阀、黑手党、黑客联盟等势力把持，并在现实世界外构建了一个"超元域"，只要通过连接的公共入口，就能以"化身"的形象进入超元域。

偶然间，Hiro 和 Y.T.发现了这场灾难的源头，是一种名叫"雪崩"的病毒。"雪崩"其实是程序病毒，不仅能造成网络系统崩溃，还能在现实世界中不断扩散，中了"雪崩"病毒的人将神志不清，变成行尸走肉。

"雪崩"病毒由神秘的宗教组织操控，并在现实世界与网络世界中传播：在现实世界中，它能够感染人的血液，形成毒品依赖；在网络世界中，它通过攻击计算机底层算法，进而控制整个网络系统。最终，主角 Hiro 找到"解药"并打破了"雪崩"病毒对现实世界的控制。

喜欢科幻类小说的读者，除了刘慈欣创作的系列长篇科幻小说《三体》，这本 Snow Crash（译名《雪崩》）也不能错过。这是一部由尼尔·斯蒂芬森在 1992 年创作的科幻类小说，其涉及计算机科学、密码学、模因论、政治宗教学、历史学等众多理论学科及领域，内容丰富性首屈一指，面世后引发了"赛博朋克"阅读风潮。

元宇宙"Metaverse"的概念就来源于《雪崩》，并提前 30 年预见了在社交网络和移动互联网时期的人类社交与其他活动。

元宇宙是什么

▎星辰大海还是虚拟现实

刘慈欣曾经在某次发布会上说："并不是一种幻想，人类的面前有两条路，一条向外，通往星辰大海；一条对内，通往虚拟现实。"

《银河英雄传说》中写道，那些星星经历过数亿年、数十亿年的生命。早在人类诞生之前就一直闪烁着光辉，在人类灭亡之后，它们仍会继续绽放着光芒，人的生命连星星一瞬间的光辉都不及。这是自古以来人们就明白的事情。然而，认识到星星的永远和人世的一瞬的是人，不是星星。

"星辰大海"一词最早见于《银河英雄传说》，是日本小说家田中芳树的太空歌剧式科幻小说，讲述了发生在遥远未来浩瀚宇宙中的战争故事。图 1-1 所示的是动漫《银河英雄传说》中的亚提斯星域会战的场景。

图 1-1　动漫《银河英雄传说》中的亚提斯星域会战的场景

文明伊始，人类就一直仰望浩瀚而神秘的星空，梦想着飞向太空。在中国神话中就流传着"嫦娥奔月"的传说，"天文"在中国的最早文献记录是战国时期的《甘石星经》，此外，还有 3000 年前的巴比伦星表，这些都是古人对星空最早的探索。

传说，中国最早探索太空的行为可追溯到明朝，士大夫万户设想利用火箭飞天，将自己绑在装有 40 多枚火箭的"椅子"上，打算利用推力飞上太空。

虽然古人飞向太空的尝试无一成功，但是人类一直没有放弃对太空的探索。直到牛顿提出万有引力定律，才让世人明白"速度"是制约人类飞向太空的关键因素。现代科技的发展让人类在飞行速度上有了大幅提升，突破速度的制约后终于实现了"奔月"，进入了太空。[1]

1999 年上映的《星球大战前传 1：幽灵的威胁》电影给我们带来的是无与伦比的震撼，满足了人类对于外星文明的幻想，让观众看到浩瀚的宇宙并不是死气沉沉的，不同种族齐聚一堂。

在 2016 年国际宇航联大会上，埃隆·马斯克发表演讲："让人类成为跨星球生存的物种"，并首次公开自己的"火星殖民"计划。

在通往星辰大海的路上，人类似乎越来越执着。随着科学的进步，我们对星空的认知越深，对其就越敬畏。人类科技工具的进步似乎已经落后于认知的提升，通向"星辰大海"这条路上还有很多困难，所以需要电影中的"虫洞"，需要"星际跃迁"，需要小说中的"降维打击"。

"星辰大海"的未来遥不可及，但人类扩展自身感官的需求愈加旺盛，除了视觉的远近程度，人类把自己的知觉范围从眼前耳畔扩展到了全世界，而且已经踏上了另外一条路——"虚拟现实"。

很多人对于虚拟现实的了解来源于《黑客帝国》《阿凡达》《创战纪》等电影，虚拟现实通过影视化手段更容易让人们了解。

优秀的影视作品能够带来畅想，我们会在未来的虚拟世界中，拥有自己独有的虚拟形象，能够在虚拟世界中拥有"人生"，在其中生活、社交、工作、娱乐。

---

1 达到第一宇宙速度（7.9km/s）就可以飞出地球，达到第二宇宙速度（11.2km/s）就可以摆脱地球引力，达到第三宇宙速度（16.7km/s）就可以飞出太阳系，不受太阳系的引力影响。

▌未来虚拟家园

2021 年，电影《失控玩家》的上映再一次勾勒出虚拟世界的样貌，故事发生在"自由城"，在一个虚拟游戏世界中。玩家需要佩戴好游戏专用眼镜，进入游戏后，需要自己设置"身份"，这样就能在自由城中自由行走，甚至可以肆意妄为，从高楼一跃而下，在炮火中无限重生，其场景如图 1-2 所示。

图 1-2　《失控玩家》场景

玩家通过提升自己的"等级"来获得更强的能力，可通过各种活动来获取能量值，得到自由城中流通的货币，以此获得身份的升级。玩家可在这里逃避现实，享受放纵的快感。

这个想象中的虚拟世界，现在被命名为"元宇宙"。这样的元宇宙或许遥不可及，但不可否认的是，人类正在步入虚拟世界。

元宇宙最初的想象，是囿于现实困境的人类在虚拟世界寻找的栖身之所，是《雪崩》中的"超元域"，是电影《失控玩家》中的"自由城"，是《头号玩家》中的"绿洲"，这些都是人类对于未来数字家园的想象。

▌接轨现实又超越现实的"云端世界"

元宇宙并非现实世界的克隆版，如果是现实世界的真实映射，那叫数字孪生（数字孪生的详细内容请参见本书第 6 章）。"超元域""绿洲"脱胎于现实世界，又与现实世界同时存在。

在元宇宙中，你可以做任何在现实世界中做的事情，比如跟家人朋友聚会，在虚拟商店里购物，甚至能购买虚拟土地等。当然，这里还能让你做在现实世界里做不到的事情，比如瞬移到夏威夷度假，跟千里之外的朋友买票去听一场周杰伦虚拟演唱会等。

通过上面简单的描述，大家可以轻易地发现，元宇宙不只是一个虚拟世界，而是多个虚拟世界同时存在。这意味着元宇宙是多方参与建设的，比如腾讯可以打造一个虚拟游戏世界，迪士尼可以搭建一个虚拟游乐场，亚马逊也能创造一个虚拟购物场景……

所以，元宇宙是接轨现实又超越现实的"云端世界"。元宇宙首先是一个承载虚拟活动的平台，我们通过这个虚拟平台进行购物、社交、旅游、聚会、教育、医疗、娱乐等社会性和精神性活动。

此外，元宇宙还将承载我们的身份权益及资产，参与创造并享受成果，元宇宙中的劳动创作、生产、交易和实际生活相似。

更重要的是，元宇宙的最终形态是新的文明形成，虚拟世界要实现互联互通，还需存在一套能够统一运作的社会与经济系统。元宇宙是人类文明在虚拟时空的存在方式，这种存在方式会满足人的主观体验，但绝不仅仅是某种大型娱乐平台。

"自我存在"这种模式或许在元宇宙世界中将发生改变，"星辰大海"与"虚拟现实"是科技文明发展的必然趋势。

元宇宙的定义——"一千个哈姆雷特"

"一千个人心中有一千个哈姆雷特"，元宇宙是一个开放的世界，尚未有统一的定义，而且每个人看待元宇宙的出发点不同，所以元宇宙的定义并不是绝对的。表 1-1 所示的是业内人士对元宇宙的定义。

表 1-1　业内人士对元宇宙的定义

业内人士	定义
Dave Baszucki（Roblox CEO）	元宇宙是一个将所有人相互关联起来的 3D 虚拟世界
Eric Redmond（耐克技术创新全球总监）	元宇宙跨越了现实和虚拟现实之间的物理/数字鸿沟
Emma-Jane MacKinnon-Lee（Digitalax CEO 兼创始人）	元宇宙是在我们生活的各个方面分层的"完全交互式现实"
Ryan Gill（Crucible 联合创始人兼 CEO）	元宇宙将成为我们生活的很大一部分，就像互联网一样，它越接近现实，就会越抽象
Rafael Brown（Symbol Zero CEO）	元宇宙是一种我们尚未构建的具有存在感的身临其境的体验
Neil Redding（雷丁期货创始人兼 CEO）	元宇宙是一个无限的空间，人类在其中可以通过多感官刺激做我们在物理空间中所做的一切

维基百科对元宇宙的定义是：通过虚拟增强的物理现实，呈现收敛性和物理持久性特征，基于未来互联网，具有链接感知和共享特征的 3D 虚拟空间。这个定义并不好理解，不过也阐述了其中的几个核心要素：虚拟增强、持久性、感知、共享、3D 虚拟空间。

根据业内人士对元宇宙的定义和搜索元宇宙相关的词汇得到的结果，从词频统计可以看出强社交、在线、开放这些词，如图 1-3 所示。

图 1-3　元宇宙包含的关键词

从大家关注的焦点来看，元宇宙也可以这样定义：元宇宙超越现实世界的物理隔阂，是一个持续存在的虚拟空间。

从上述定义中可以得知，元宇宙将会是一个始终在线的虚拟世界，所有人可以同时参与其中，与网络游戏空间不同的是，元宇宙将不再有参与人数的限制；它会有完整的经济系统，不间断地运行，并且可以连接现实世界和虚拟世界；同时，任何基于数据信息的身份、内容、资产等都可以在元宇宙流通，所有参与者都将在元宇宙获得不同的体验，并让元宇宙更繁荣。

大家眼中的元宇宙是不一样的，目前人们所达成的共识是——元宇宙不会一夜之间出现，也不会仅由一家或少数公司创造和运行。如同现实世界一样，元宇宙将由不同的公司、机构、组织和个人来共同实现，同时也会有许多独立工具、平台、基础设施、标准和协议等来支持其运行。

很多人说元宇宙非常像游戏，这是基于常识来讲的，因为在目前所有的元宇宙呈现方式中，游戏似乎是最接近元宇宙的一种形式。

黑格尔说过，所谓常识，往往不过是时代的偏见，而处于元宇宙早期阶段的我们也有局限性。所以我们认为元宇宙是游戏，是站在当前时代去定义未来的形态。

当然，元宇宙的意义远超过"游戏"与"社交平台"，元宇宙的命题比虚拟世界更加宏大，它既是人们现实世界的平行世界，也是一系列技术的综合应用。

元宇宙拥有 5 个显著特征

▍持续性与兼容性

元宇宙空间能够永久存在。元宇宙空间可以容纳任何规模的人群、公司、机构，任何一方都可以获准进入。

元宇宙虚拟空间代表着未来网络、社交、游戏、文创等科技手段与产业融合后的理想形态。元宇宙打造的是更加完整、融合的内容生态，让参与者拥有更加丰富的内容体验，实现现实世界无法企及的目标。虚拟世界和现实世界的互相补充，将引发现实社会与生活的重大变革。

信息孤岛、生态壁垒是如今难以跨越的鸿沟，数字时代已经到来，各自为政、独立发展的时代终将结束，打破圈层建构开放的生态已经是时代趋势。在元宇宙的数字世界中，我们只需一个账号便可以出入各种平台，构建不同的数字身份，能保证连续性和沉浸式体验处于永久持续的状态。

▍实时性与真实感

元宇宙世界与现实世界共存。在元宇宙中能体验到近乎真实的感觉，能够模拟现实世界的活动，而且随着 VR/AR、脑机接口等人机交互设备的进步，这种真实感将有质的飞跃。

在元宇宙中能支持参与者体验足够的真实感，并在虚拟世界里享受新生活。理想中的元宇宙是低延迟甚至零延迟的，这样才能保证给人完全沉浸式的体验，并且永远不会因某些因素停止运行；虚拟空间没有地理空间的限制，可以容纳无数的虚拟身份，也可以做到轻松举行亿万级受众的活动。

在虚拟世界中的交互行为直接影响用户的沉浸体验，只有精神世界完全沉浸，人脑才会有实时感、真实感，这才是贴合《雪崩》《头号玩家》里描述的那个"元宇宙"世界。

共享性与可连接性

元宇宙中的虚拟身份具备一致性，数字资产、社交关系、物品等都可以贯穿于各个虚拟世界之间，在虚拟世界和现实世界之间转换。

现实世界是无数物理空间相互连接而成的，元宇宙也将是众多虚拟世界的集合体。在全球新冠肺炎疫情爆发的背景下，在线协助模式将疫情的伤害降到最低，这样的模式在很大程度上体现了未来的趋势。

元宇宙不会是一款新奇的网络游戏，也不会是一款手机里的 App 应用程序，而且元宇宙将不会与任何单一的应用绑定，也不会仅仅只是一个场景。虚拟世界场景持续存在，支持数字物品和数字身份从一个虚拟世界转移到另一个虚拟世界。未来，共享与连接将是元宇宙的核心主题。

开放自由与可创造性

元宇宙开放自由，是内容创作者发挥灵感的天堂。如此庞大的内容工程，需要以开放式的用户创作为主导，元宇宙世界里的内容可以被任何个人、团体、组织机构来创造。就像 HTML 难以满足 Web 的所有需求一样，如果要在元宇宙中建立一套完整的开放标准，那么单一公司主体必将无法完成，这需要像搭建乐高一样让所有参与者共同来完成。元宇宙是一张庞大而复杂的网络，它超越了互联网，超越了任何一家公司。

个人意志无法影响元宇宙。在元宇宙中，参与者的行为将不会由现实中的规章制度来规范，也不像网络游戏那样需要一个策划者，参与者在元宇宙中将自由探索、自行创造内容，活动的中心是个人，而不是某个脚本或策划好的活动事件。

更重要的是，元宇宙中的内容将是去中心化、跨平台的，完全由用户创造。同时元宇宙是公开和公平的，它需要同时满足消费者和创作者的利益，并与开发者之间形成良性的关系。这将决定我们看待元宇宙的方式，是我们在元宇宙到来的时候要面临的主要问题。

经济属性与系统稳定

元宇宙同样存在一套完善的经济运行模型。元宇宙用户的身份权益将得到保障，内容具有高度的互通性，用户创造的虚拟资产可以脱离平台束缚而流通。所以元宇宙需要和现实世界一样，拥有大众所接受的经济系统，这样才能保证元宇宙里的交易与支付服务正常进行。

经济系统是元宇宙的引擎，驱动着元宇宙的前进与发展，参与者通过劳动换取元宇宙平台的"货币"，用于消费甚至变现。

1.2 正在向定义接近的"元宇宙"

基于上述定义与元宇宙的特点，我们可以做一些有关"元宇宙"的判断，也能发现一些正在向定义接近的"元宇宙"。

那些"伪元宇宙"

类似《王者荣耀》《英雄联盟》《绝地求生》这些热门的竞技游戏不是元宇宙，因为它们不符合"持续存在"的定义特征，也不够开放，局限性太大。

GTA Online 这样的 3A 游戏同样不是元宇宙，其海报如图 1-4 所示。虽然 *GTA* 拥有开放世界的特点，玩家在设定的故事背景下通过决定任务进行的时间和方式来推动剧情，但仍然不够开放，游戏内的社交性不强，游戏内的资产也不能自由转移。

图 1-4 *GTA Online* 的海报

最受欢迎的沙盒游戏《我的世界》(*Minecraft*)和《迷你世界》也不是元宇宙，沙盒游戏有着较高的自由性与可创造性，而且也满足实时性等特点，但游戏内的经济系统不能支持资产与现实世界的转换。

还有，社交游戏《动物森友会》也不是元宇宙。不能简单地认为赋予游戏社交属性后它就是元宇宙，而且这款游戏并不具备实时性与真实感，也没有任何可以与现实世界连接的稳定经济属性。

Soul 赴美上市的消息引起了广泛的关注，Soul App 的口号就是"年轻人的元宇宙社区"，让不少人将 Soul 与元宇宙联系起来；2021 年 4 月，腾讯天美工作室群负责人姚晓光接管 QQ，这个举动被解读为 QQ 要做元宇宙；此外，Facebook 宣布 5 年之内成为元宇宙公司，并将 Facebook 更名为 Meta。

那么像 Soul、QQ 和 Facebook 这样的社交平台是元宇宙吗？

从上述元宇宙的特征来讲，它们都不算元宇宙。但是从另外的角度来讲，QQ、Facebook 与元宇宙的距离比较近，可以理解为它们拿到了元宇宙的半张门票，拥有一个很高的起点。

QQ 的用户基数较大，据 2021 年 3 月腾讯发布的 2020 年全年财报显示，QQ 的月活跃用户人数为 5.95 亿，更重要的是，QQ 在年轻用户中的黏性尤其高。而且 QQ 更注重社交属性，属于兴趣社交。

当然，QQ 与真正的元宇宙相比还处于萌芽阶段。我们做一个大胆的假设，QQ 作为一个元宇宙平台，提供 API 接口，为用户提供统一的身份和社交系统；QQ 系统内的各种小程序则提供各种玩法和外观道具，当然这种变化需要很长一段时间来完成。与 QQ 相比，Soul 离元宇宙距离较远，它属于单纯的兴趣社交平台，目前没有提供较为丰富的内容，不过也具有可创造性潜力。

▎*Roblox* 就是元宇宙吗

Roblox 在 2021 年 3 月 10 日上市，其招股书引发了元宇宙概念热潮，被誉为"目前最接近元宇宙"的项目，我们也可以将其定义为元宇宙的 1.0 版本。

Roblox 具备元宇宙的基本特征，用户除了具有高度的自由性，所拥有和可赚取的游戏货币可以兑换成现实货币，它既是一款游戏，也为创作者提供了开发工具，兼顾社交功能与经济系统。截至 2021 年 3 月，*Roblox* 平台上有超过 30 万名游戏创作者，1500 万名玩家用户，内容涵盖从体育游戏到角色扮演等各种类型，每月访问量超过 2000 万。

虽然 *Roblox* 贴近元宇宙的定义，但是和理想中的元宇宙相比仍然有较大的差距，比如整个游戏场景还比较粗糙，与电影《头号玩家》中的"绿洲"有天渊之别，与《雪崩》中描述的元宇宙也相距甚远，而且 *Roblox* 游戏体验缺乏沉浸感。

沉浸感和开放性往往是鱼与熊掌不可兼得，所以不难理解为何市面上主流的元宇宙游戏大部分是"像素风"风格的，如图 1-5 所示。精美而写实的场景需要长时间且高额的成本投入，对于美术素材的要求与"像素风"风格不可同日而语，但"像素风"风格的游戏却能够像工业品一样批量生产，极大地提高效率。

图 1-5　像素风风格

当然，这些缺陷都不妨碍我们赞赏 *Roblox*。随着元宇宙各方面的实践与应用，元宇宙的定义可能也会发生演变且越来越清晰，我们未来可以站在更高维度来看待元宇宙，穿越上述这些窄门。

第2章
元宇宙爆炸"奇点"

2.1 虚拟数字空间渗透——人们正在习惯的虚拟世界生活

大众的衣食住行已经被深深地烙上了移动互联网的印记。通过各种智能便捷的移动终端，我们看新闻、了解天气，随时跟朋友取得联系、查看朋友的动态，呼叫数公里外的出租车，快速搜索附近的酒店和美食。一部手机就可以让我们享受精准的服务，手机就像一位有经验的"老管家"，管理着我们的日常工作和生活。

▎正在习惯的虚拟世界生活

如今互联网已经渗透到各个行业，细分领域众多，结构复杂，比如离大众最近的电子商务、网络社交、网络搜索、网络游戏等一系列互联网服务，其中淘宝、京东、拼多多占据着我国电子商务的领军地位，腾讯则是我国社交、网络游戏等文化产业的主导者。

新冠肺炎疫情在一定程度上改变了我们的生活模式，让移动互联网应用场景更加深入我们的生活，线下消费场景进一步减少，教育、视频直播、社区团购等线上消费场景取得进一步的拓展，移动互联网流量场景继续爆发着活力。

中国手机用户规模已达 9.86 亿，5G 快速进入中国消费市场，2020 年中国 5G 终端接口突破 2 亿户。还有一个数据带有一些历史的"沧桑感"，中国网民月户均流量（DOU）达 10.35GB，大概在 10 多年前，大多数人还在为每个月几十兆（MB）的流量而苦恼。

从社交网络来看，Facebook 的用户量超 30 亿、微信用户量近 10 亿、抖音用户量超过 6 亿，以它们为代表的头部平台用户数已经超越全球大部分国家和地区的人口数量。

网络游戏虽然深受家长们的诟病，但不可否认的是，网络游戏是年轻一代主要的闲时消遣方式。如图 2-1 所示，Newzoo 发布的 2021 年全球游戏市场报告表明，亚太地区贡献了最多的游戏市场份额，其占比高达 50%，远远超过其他地区，而中国又是亚太地区游戏收入的主要来源地。

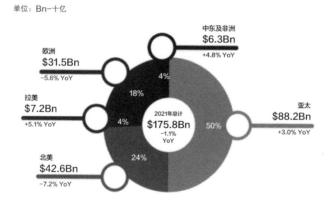

图 2-1　Newzoo 发布的 2021 年全球游戏市场报告

据 Newzoo 全球游戏报告显示，2021 年全球游戏玩家数量超过 30 亿，全球超过 40% 的人都成了游戏玩家（2021 年全球人口约 75 亿人），而且这个数量在未来数年间或将保持高速增长，如图 2-2 所示。

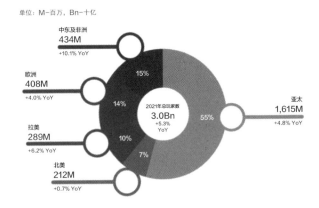

图 2-2　2021 年全球游戏玩家数量

随着移动互联网发展进程加速，互联网渗透率提升，虚拟数字空间已经有了肥沃的土壤，我们在逐渐接受虚拟世界的存在，并且习惯在其中生活。

▎数字经济时代下的变革

"创新引领，数据驱动——建设全球数字经济标杆城市"是 2021 全球数字经济大会的主题，全球各行各业的嘉宾代表聚集北京，就数字经济的发展与未来趋势进行了全方位的探讨与分享。

本次大会使用了多种新兴科技技术，例如，在会议中使用的虚拟现实技术将国内外嘉宾"带到"现场，充分展现了数字科技技术的强大和现代感，给与会嘉宾带来了耳目一新的数字科技体验。特别是在会议中出现的 AI 合成主持人，让大家惊叹不已，大家纷纷感叹科技的魅力。图 2-3 所示的是全球数字经济大会上 AI 合成主持人的画面。

图 2-3　全球数字经济大会上 AI 合成主持人的画面

大会中"时空进行时"环节的主持人，从传统的真人改为由搜狗 AI 合成的主播雅妮。这不仅是一次创新，更符合数字经济发展的需要。

AI 主持人雅妮青春靓丽的形象和逻辑清晰、生动有趣的主持风格，赢得了现场观众的叫好，甚至让人们忘记这是 AI 机器人在主持会议，这也让参会嘉宾再一次近距离感受到 AI 科技的无限魅力，充分体现出中国在 AI 智能领域非凡的成就与实力。

在大会中，除了耳目一新的 AI 合成主持人，还有超多具有未来科技感的产品，例如，远程医疗诊断、5G 智能无人工厂、闪测方舱移动实验室等，这些产品都是以数字技术为支撑的全新智能应用，令人拍案叫绝，让人仿佛穿越到未来的生活场景中。

数字技术日新月异，生产力也飞速提升，这些充分体现了数字经济已是全球经济增长的核心发展驱动引擎。在全球新冠肺炎疫情期间，数字技术的"无接触经济"，也在无声无息地改变我们的生活和工作习惯。在线教育平台、远程医疗服务平台、远程分布式办公、国际电子商务服务平台等新模式和新业态都得到了快速发展。

数字经济席卷而来，传统产业正在全面拥抱数字化，大多数国家和地区也陆续把向数字技术的转移作为重要发展目标，同时，将传统的物理空间向数字空间加速转移。这影响着各国在世界经济中的核心竞争力与影响力。

如今，社会文化对数字化文化的接纳与认可度呈现上升趋势，数字世界在不断满足人类的各类生产和生活需求，未来人们将在越来越多的虚拟空间里进行丰富的经济和文化活动，一个崭新的生活方式即将产生，即元宇宙。

2.2　Z 世代成长——互联网原住民提供活力

1995—2009 年出生的一代人，我们通常将他们称为"Z 世代"，他们一出生就与网络信息时代无缝对接，伴随着互联网一同成长。Z 世代也被称为"网生代"。

2020 年，联合国经济和社会事务部做过一个关于全球 Z 世代人数情况的调查。调查数据显示，2019 年全球 Z 世代达到 24 亿人，占全球总人数的 32%。

我国的 Z 世代群体数量统计显示约 2.6 亿人，是人口数量相对较多的群体，而且在消费市场贡献上非常大，其支出占全国家庭平均总开支的 13%，至少带动了 4 万亿的消费市场，消费能力远超其他年龄层的人群。

从互联网设备使用情况的角度分析，Z 世代在 2016 年的网络活跃设备为 1.66 亿台，但到了 2021 年，其在网络中的活跃设备已超过 3.25 亿台，5 年时间增长近乎翻倍，这说明 Z 世代已成长为移动互联网中的主导力量之一，是能影响互联网文化潮流发展风向的群体。

图 2-4 是 Z 世代的人群画像。

图 2-4　Z 世代的人群画像

我国 Z 世代群体的发展轨迹与美国 Z 世代群体的发展轨迹有很多相似之处，他们都生活在经济高速发展的时期，他们在物质上追求好的体验、喜好上个性鲜明，又渴望被认可，同时也容易受外部因素影响，他们是我国新文化、新经济、新消费的主导力量。

在改变世界的进程中，Z 世代的力量是强大的，他们的力量与热情将给市场带来巨大的变化。

▎Z 世代是互联网"原住民"

Z 世代用户是极具价值的群体，他们不仅是年轻的新生代力量，还是消费的核心群体之一。在消费能力上，具有超前消费的意识与习惯；在选择产品上，Z 世代更愿意选择有品牌、高品质的产品。所以移动互联网的应用，越来越趋近于适应"数字原住民"或者说 Z 世代的习惯与喜好。

中国信通院的资料显示（见图 2-5），在上网时长方面，Z 世代的月人均上网时长为 174.9

小时，高于全网用户的月人均上网时长 140.1 小时；Z 世代的月人均使用 App 数量为 30.2 个，也高于全网用户的月人均使用量 25 个。

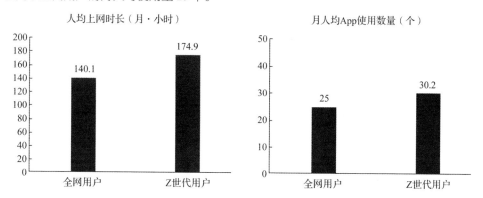

图 2-5　Z 世代用户和全网用户人均上网时长及 App 使用数量比较

Z 世代在移动互联网的使用时长和使用频率方面均高于全网用户平均水平，属于重度用户。同时，如图 2-6 所示，Z 世代用户喜好社交、娱乐、购物等，也使得 Z 世代用户的"身影"出现在互联网的各个"角落"。

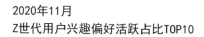

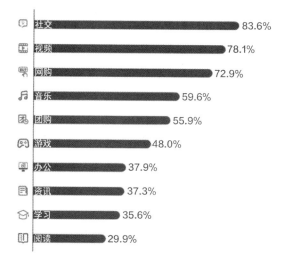

图 2-6　Z 世代用户偏好

▍"二次元"文化深入 Z 世代的骨髓

"二次元"文化的快速发展并成为潮流与 Z 世代群体分不开，所以，我们在讨论 Z 世代群体时，无法绕开"二次元"这个话题。在 Z 世代的日常生活中，已经广泛渗透了"二次元"文化。"二次元"文化影响着这一代人的行为偏好与爱好追求，而且，Z 世代群体当中很多人都以自己是"二次元人"为荣。随着"二次元"文化在 Z 世代群体里广泛传播，其所代表的意义也逐渐拓展，除了呈现理想世界，还泛指喜欢"二次元"世界的人群，是一种新生代的文化构成与形式。图 2-7 所示为"二次元"形象初音未来。

图 2-7 "二次元"形象初音未来

日本动漫中的《奥特曼》《灌篮高手》《名侦探柯南》《蜡笔小新》等以趣味性和创新性在中国文化市场大获追捧。动漫的人物形象不仅深入 Z 世代的脑海，还影响着以 Z 世代为主的一大批"二次元"爱好者，"二次元"文化也得此契机在中国文化土壤中生根发芽、发展壮大。

在国产动漫中，像《哪吒》《西游记之大圣归来》《大鱼海棠》等爆款作品的出现，让主流社会对"二次元"文化的喜好与关注度空前高涨，"二次元"产业的发展也随之迎来黄金时期。再加上 Z 世代是"网生代"群体，在互联网的推波助澜作用下，越来越多的 Z 世代人群加入"二次元"群体中。

中国"二次元"群体的主要行为分析如图 2-8 所示。

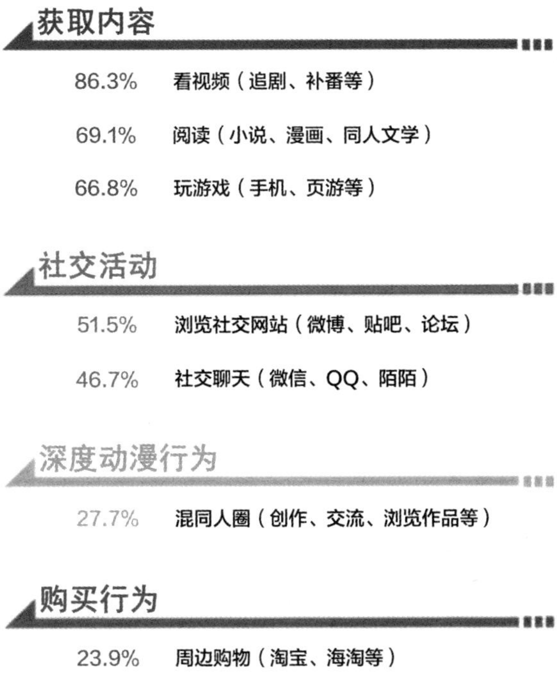

获取内容

86.3%　看视频（追剧、补番等）

69.1%　阅读（小说、漫画、同人文学）

66.8%　玩游戏（手机、页游等）

社交活动

51.5%　浏览社交网站（微博、贴吧、论坛）

46.7%　社交聊天（微信、QQ、陌陌）

深度动漫行为

27.7%　混同人圈（创作、交流、浏览作品等）

购买行为

23.9%　周边购物（淘宝、海淘等）

图 2-8　中国"二次元"群体的行为分析

Z 世代在"二次元"影响下的性格特点

Z 世代影响着"二次元"文化的发展，"二次元"文化也影响着 Z 世代群体的生活行为方式，尤其是在价值观养成上的影响深远。Z 世代群体个性鲜明、注重体验、愿意尝试新鲜事物，还具有崇尚高颜值、寻求理想"人设"、"脑洞大开"、"同人志"属性、社交需求强烈等性格特点。

崇尚高颜值

二次元人物的形象以"高颜值"为主，故"二次元"群体在审美标准上，影响着 Z 世代，像美妆、护肤、唇彩等提升"高颜值"的相关商品都因此受到追捧。除高颜值外，Z 世代还特别青睐带有卖萌、少女系和拟人化元素的人物形象。

寻求理想"人设"

Z 世代在自我"人设"追求上，更敢于追求自我价值，以及更加注重自身感受。例如，Z 世代用户会通过不断尝试不一样的穿搭风格，体验不同品牌产品，寻找真正适合自己的风格，为此他们愿意投入极大热情、时间及金钱。

"脑洞大开"

"二次元"文化崇尚个性追求与独创属性，不走寻常路。"二次元"群体会用动漫、戏剧，甚至夸大的方式来表达文化。

"同人志"属性

在"二次元"文化中，因相同志向而走到一起的人叫"同人志"，也就是说，Z 世代用户之间只需有共同的兴趣爱好就和对方是"同好"。Z 世代用户因"同好"，可以敞开心扉坦诚相待，聚在一起玩耍娱乐。这也是"二次元"文化作品能呈现病毒式传播的原因之一。

社交需求多

互联网发展迅速，Z 世代可以在互联网的虚拟世界里结交到很多朋友，从而给他们带来心灵上的治愈与温暖。快感和幸福感是"二次元"群体在动漫中主要的收获。

兴趣驱使下的娱乐触媒偏好

视频娱乐

视频是 Z 世代最喜爱的娱乐方式之一。据统计，在视频娱乐上，Z 世代月人均使用时长是 50 小时，包括刷短视频、追剧、玩游戏、观看直播等。同时，在移动视频时长方面，Z 世代月人均使用时长是 48.9 小时，高于全网用户的月人均使用时长 6.5 小时，包括观看短视频、在线视频、游戏直播、娱乐直播、聚合视频。

Z 世代的视频应用平台的偏好选择，受游戏、"二次元"及追星等影响较大，"二次元"文化的发展与流行，离不开 Z 世代的用户，尤其是手机动漫行业，Z 世代贡献了近半数的用户流量支撑。根据数据统计，在手机动漫行业用户中，Z 世代女性用户比男性用户多，二者占比分别为 62.0% 与 38.1%。从年龄的维度来划分，位于前三的是，19～24 岁为主要用户，占比为 26.6%；其次是 25～30 岁的用户，占比为 18.1%；然后是 31～35 岁的用户，占比为 14.6%。在手机动漫 App 方面，最受 Z 世代青睐的前三平台分别是快看漫画、哔哩哔哩和腾讯动漫。

作为"互联网原住民"的 Z 世代比其他年代的人更容易接触和接受元宇宙，可以说他们也是"元宇宙原住民",正是他们的参与才能推动行业快速向前发展。同时,好玩、强社交、全沉浸体验的元宇宙也几乎满足了 Z 世代对未来生活的期待。

游戏场景是目前元宇宙最大的应用场景,不管是游戏场景还是元宇宙,它们都给予用户一个虚拟身份,通过个性化定制打造形象,再基于打造出来的虚拟身份进行社交、交易、娱乐等一系列操作,最终形成在数字世界里的社交关系。

虽然游戏品种繁多,但是每一个游戏都共用一套虚拟身份信息和相应的社交关系,这样玩家就可以很好地游戏并达成社交体验,最终形成非常牢固的用户黏性和强大的渗透能力,满足了 Z 世代的社交需求。

元宇宙通过还原现实世界场景和行为习惯,为玩家提供深度沉浸在游戏中的环境,为玩家提供真实模拟生活行为习惯等体验。元宇宙势必将真正成为基于现实世界所打造的虚拟世界,满足 Z 世代勇于探索未知世界的个性。

如今我们仅能窥见元宇宙的冰山一角,可以预见的是,伴随着 Z 世代的成长,元宇宙的时代正加速到来。

2.3　软/硬件走向成熟

软件和智能硬件是实现元宇宙的必要条件和支撑点,尤其是新冠肺炎疫情推动了非接触式经济的发展,一大批实用的虚拟现实技术在疫情防控、助力复工复产和线上教育等方面大展身手。

VR/AR 场景应用

其中,非接触式 VR/AR 测温系统设备,大大降低了人群接触风险,有效提高了一线防控效率,降低医护人员因接触发生感染的风险。VR/AR 设备还大范围应用于远程医疗,有效解决了医疗资源分布不均的问题。

VR/AR 设备还被广泛用于线上教育、远程办公,保障了复工复产效率。VR 旅游帮助游客即便坐在家中,也可以身临其境地游览全球任何景点。全景 VR 直播让千万用户亲身感受热火朝天的活动现场。VR 看房不仅减少了四处奔波的辛苦,省时省力,还简化了购房、租房流程。

激活消费能力与研发动力

以上各类场景的落地应用进一步激活了消费者对 VR 产品的消费需求和企业的研发动力。

新的 VR 产品沉浸感更强，且便携、时尚、佩戴体验好。根据 IDC 的预测，2022 年是 VR 行业发展的重要发力期，出货量将有较大的增长，如图 2-9 所示。

图 2-9 VR 产品历年出货量

目前 AR 产品更新速度非常快，2019 年微软和谷歌分别发布了 HoloLens 2 和谷歌 Glass 2 产品，目前已更新的新一代 VR/AR 产品改善了过去存在的问题，而且价格也越来越亲民，在大众消费可接受的价格区间内，VR/AR 行业快速发展的黄金期即将到来！图 2-10 所示为 AR 发展趋势。

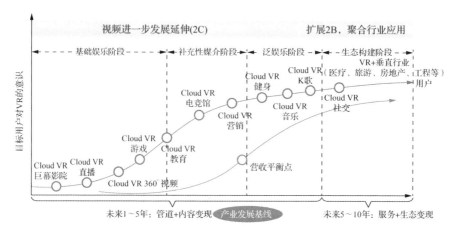

图 2-10 AR 发展趋势

逐渐走出"开悟期"

过去，VR/AR 应用场景的体验并不友好，很大一个原因是网络带宽的限制。随着 5G 时代的到来，大带宽和低延时改善了用户体验，而且行业应用研发也驶入了快车道，更加丰富实用的场景被更多 C 端用户重新接受。

随着技术的进一步发展，产业链将更加成熟，C 端应用场景，如健身、音乐、电竞馆等将会陆续普及使用；B 端应用场景，如旅游、购物、教育、医疗、房地产、工程等场景亦将逐步释放潜力，让产业释放出更大价值。

在算力方面，硬件+云算力，以及边缘计算能力在近些年得到了快速发展，为 VR/AR 的使用更进一步地提供了高拟真的体验。

在计算能力上，GPU 硬件计算能力的提升表现得尤为亮眼，可以实现元宇宙和云游戏的显示效果升级，使拟真场景体验更真实和物品建模更高效，降低延迟感；GPU 的升级，更加速了机器学习及 AI 领域的应用落地。

随着微型传感器、嵌入式 AI 技术及低延时边缘计算系统逐步成熟，可穿戴设备和脑机接口技术取得突破，元宇宙里的应用和体验，未来更多的是通过人机交互设备来承载。

2.4　内容及生态渐渐成型

元宇宙是重建一个与现实世界极度平行的虚拟世界。游戏是元宇宙搭建虚拟世界的底层逻辑，元宇宙依托游戏技术给用户搭建虚拟世界并带来更加沉浸式、实时的互动体验，元宇宙的雏形逐步明朗，生态渐渐成型。主要体现如下。

模拟类游戏是通过模拟真实环境和人的行为习惯，让游戏玩家深度沉浸在游戏中，在虚拟世界中有真实生活起居、驾驶等各类体验。当 VR/AR/MR 等沉浸式设备不断更新迭代后，模拟游戏可实现更高程度的真实沉浸式体验，元宇宙就可以基于现实世界真正打造出独立的虚拟世界。

沙盒游戏加入了更多的创新玩法，为用户提供了自由创作作品的场景。沙盒游戏拥有庞大的用户生成内容（UGC）生态，可形成强大的产品生命力，元宇宙基于 UGC 生态内容，可以不断开拓元宇宙边界，成为一个不断延伸且良性循环的生态系统。

高沉浸度的社交体验和丰富的线上社交场景逐步淡化了元宇宙与现实的边界，丰富了创作者的素材内容。新冠肺炎疫情发生后，很多现实生活中的活动开始转向线上，人们通过游戏的方式实现沉浸式场景体验，例如，举行虚拟演唱会、举办毕业典礼、召开 AI 学术会议、进行虚拟展览等现实行为均能够转化为多元化的虚拟体验。

目前，Valve、Facebook、英伟达、代码乾坤等众多互联网公司积极布局、研发元宇宙的内容产业。元宇宙中的内容产业与互联网产业发展的差异会非常大，元宇宙将会以游戏为主体进行展现，如，游戏+展览、游戏+演唱会、游戏+会议等。

美国说唱歌手 Travis Scott 举办了一场名为 "ASTRONOMICAL" 的虚拟演唱会，通过动作捕捉技术以全息人物投影的方式在游戏《堡垒之夜》（*Fortnite*）中搭建虚拟舞台，吸引了 1070 万名观众观看。游戏海报如图 2-11 所示。

图 2-11　《堡垒之夜》海报

随着元宇宙内容更加丰富与普及，未来会出现更多需要与虚拟游戏相结合的生活场景，产生出新的娱乐、社交，甚至是新的协作方式。

第3章
开启元宇宙大门的钥匙

3.1 ABDGN——构建元宇宙的五大支柱

随着技术的发展，人类的想象力与创造力越来越强。无论我们想象的元宇宙多么复杂，它都是由最基础的技术搭建起来的。

本章将构建元宇宙的主要技术归纳为"ABDGN"，即人工智能（AI）、区块链（Blockchain）、呈现技术（Display）、游戏（Game）和网络与算力（Network），分别从人机交互、价值流转、展现形式、内容承载、数据处理等方面共同构建元宇宙。

人工智能（AI）——元宇宙"化虚为实"

人工智能在图像端已经展示了非凡的应用前景，对元宇宙虚拟空间的赋能至关重要。电影《失控玩家》给我们展示了未来人工智能在游戏虚拟空间的能力，"觉醒"后的 NPC（Non-Player Character，非玩家角色）"盖"拥有自主意识，让游戏拥有了无限的延伸性。

第一，元宇宙的呈现方式必然是虚拟的、智能化的，虚拟 NPC 和玩家的行为将更多地出现在各种虚拟环境和虚拟现实应用中。

第二，元宇宙中的人与人交互、人与物交互将逐步实现完全的智能化，AI 交互将综合所有感知渠道，如同中国武术中"虚"与"实"的转化，"化虚为实"是最高境界，也是人工智能的终极目标。

第三，元宇宙世界的发展必将带来虚拟现实内容的研发与智能化生产，AI 将提升虚拟现实制作和研发平台的智能化水平，并大幅度提高建模效率，提升 VR 内容生产力。

第四，AI 自主学习或"觉醒"为我们提供了一种可行且合理的方式去构建一个近乎现实的虚拟世界，让我们能够用更加自由、更加多元的视角在元宇宙里探索。

区块链（Blockchain）——构建元宇宙经济体系

在元宇宙世界中，我们不可能"赤手空拳"去闯荡，更不可能"开局一把刀，装备全靠打"，图 3-1 所示的这双"RTFKT Studios"虚拟球鞋便是元宇宙世界中的商品之一。在元宇宙虚拟空间里，衣食住行、工作学习等场景均需要参与者自定义开发，有需求就有创造，商业、地产甚至社交互动，这些都将在元宇宙这个虚拟空间中真实地存在。

图 3-1　虚拟球鞋 RTFKT Studios，售价 5000 美元

虚拟资产与现实世界互通互联，已经超越了充值的游戏币的含义，区块链将赋予元宇宙去中心化的结算平台，确定并保障虚拟商品价值的归属权，保证经济系统稳定、高效、透明地运行。

从上述角度来看，区块链是从元宇宙概念提出到爆发，并产生质变的重要推手。

Web 3.0 让我们更加自由地去创作在元宇宙世界中的生活方式。在 Web 2.0 的世界中，我们所需的"物质资料"被掌控在少数数据巨头手中，比如腾讯、阿里巴巴、Facebook 和谷歌，它们对用户的内容进行管理。区块链技术能够对数据进行确权，Web 3.0 时代下的元宇宙将赋予用户掌握数据所有权的权利，用户在元宇宙世界中能够掌握自己的数据，在加密分布式数据库的加持下，个人数据安全和隐私将得到充分的保障。

DeFi（Decentralized Finance，去中心化金融）高效可靠的金融系统能够加速元宇宙的构建。去中心化金融系统的融入让元宇宙经济系统更加公平、有效和稳定，能更好地保障虚拟世界中的数字资产安全。此外，Token 权益凭证在元宇宙中更容易流通并被所有人接受，这也是元宇宙的巨大潜力。早期参与者成立社区，发行的 Token 权益凭证拥有着强大的金融属性，社区与社区之间的交易往往可能突破比特币、以太坊这类主流加密资产。

NFT（Non-Fungible Token，非同质化权证）提供了标记原生虚拟资产所有权（存在于虚拟世界，或发源于虚拟世界的资产）的方法，具有不可拆分、不可代替、独一无二等特点，这也是元宇宙能够建立的有力保障。如何辨别虚拟世界中土地、房屋、商店及个人数据的归属权和售卖途径，NFT 不可或缺。图 3-2 和图 3-3 均为 NFT 作品。

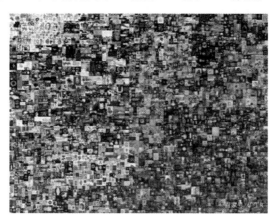

图 3-2　NFT 作品《每一天，前 5000 天》

图 3-3　NFT 作品展示

呈现技术（Display）——元宇宙里的"五感六觉"

早在 1935 年，一本名为《皮格马利翁的眼镜》的科幻小说讲述了主角丹·伯克遇到了教授阿尔伯特·路德维希，教授发明了一副带有"五官"功能的眼镜，人类对于 VR 眼镜的想象由此开始。在《头号玩家》电影中，男主头戴 VR 设备后，便立刻进入虚拟世界，这就是 VR 在未来的体验，同样也预示了 VR 设备可能是进入虚拟世界的入口。其海报如图 3-4 所示。

图 3-4　《头号玩家》海报

VR 设备赋予我们最真实的触觉。电影《头号玩家》中反派坐的那款豪华的 VR 座椅让人印象深刻，坐在上面玩游戏将是一种极致享受。其实，现代科技已经能实现部分这样的功能，相信很多关注 VR 前沿的朋友，对市场中销售的一些 VR 设备已有了解并亲身体验过。在元宇宙世界里，要想体验真实的感觉，那么 VR 设备必不可少。

目前通过 VR 设备可以体验到带有触觉的手套、外衣，还有一些带有嗅觉、味觉的外设等，虽然与电影中的场景与"体验"相去甚远，但这也让我们对元宇宙世界实现体验"五感六觉"充满信心。

不仅仅是 AR/VR，近些年 MR、XR 的概念也逐渐出现在大众的视野中，这些技术不断地迭代升级，最终将带来现实与虚拟世界的交融，人机交互不断深化。

游戏（Game）——元宇宙世界的一条"捷径"

数字原住民一定非常熟悉"被困于网络游戏的世界"的场景。

游戏《刀剑神域》[1]的视角非常独特，玩家被疯狂的制作人限制在游戏世界中无法退出，如果在游戏中被怪物或其他玩家杀死，那么在现实中也会死去，玩家被迫在虚拟世界生存，直到游戏通关。

《刀剑神域》几乎是一个完美的元宇宙模拟器雏形，我们能从图像开始，制造游戏运行的逻辑与规则，并在后续逐渐搭建与完善人类的认知系统，不断向一个完整的元宇宙模拟器靠近。

游戏是元宇宙早期内容的来源，是用户进行交互的最佳场景，也是用户流量产生的关键赛道。

首先，游戏是可持续的。元宇宙中的世界将始终在线并一直持续，在一款游戏的整个生命周期中，游戏里的时间独立于现实世界，"天上一天，人间一年"，或许在未来元宇宙中并非是神话中的故事，将来 AI 机器可以在一个连续的环境里，获得充分的时间维度和超越现实时间限制的学习时间，从而持续地计算、学习与迭代。

其次，游戏是稳定运行的。所有的电子网络游戏都是制作者们用代码构建的虚拟世界，所以规则都是预先设定、按照代码严格执行的。网络游戏另一端比如线下的剧本杀、桌游类游戏等因为人为因素的介入，虽然可以获得不一样的体验，但它们却不能像电子网络游戏一样稳定地运行。

更重要的是，游戏是可以复制的。游戏的内容，包括场景、角色设定、动画 CG[2]、剧本等

---

1 《刀剑神域》（*SAO，Sword Art Online*）是川原砾于 2002 年 11 月—2008 年 7 月在其个人网站"WordGear"上连载的网络小说。在剧情中，通过联网，玩家可以身临其境进入充满想象力和异域风情的游戏世界——浮游城市艾恩葛朗特。玩家可以在这里生活、练武、升级、经商、探险，与现实世界别无二致，却别有乐趣。他们被 *SAO* 的开发者困在游戏中，顺利逃脱的方法似乎只有一个，那就是完成困难重重的攻略任务。

2 CG 是 Computer Graphics 的缩写，动画 CG 是指以计算机为主要工具，进行视觉设计和生产的一系列相关产业。

都可以被复制，从而更快地实现规模化。而且不同游戏的环境、物体、物理规则等图像层面的对象是可以被重复迁移的，这对于创造一个虚拟世界来说，是一条捷径。

在现实世界中，汽车引擎让汽车跑起来，而生产汽车不一定需要自己开发汽车引擎，不一定必须知道发动机原理；游戏引擎同样如此，游戏引擎可以适用于不同的游戏，不同的系统与平台，但对于使用者来说是"看不见"的存在。正是由于"看不见"技术的发展与创新，我们对一个游戏所代表的虚拟世界的视觉认知逐渐地朝现实世界靠近。

网络与算力（Network）——元宇宙动力"能力"

算力不是一个新概念，但在近两三年才被广泛提及与运用。如何理解算力？我们可以简单地把元宇宙世界里的所有事物，包括运行规则当成一串串代码，也可以是数据，那么运行代码和处理数据的综合能力，就是算力。

元宇宙的实现需要多大的算力？对现实世界的模拟、场景的渲染和与其他人物（包括真实人物和虚拟人物）的互动等，很难用一个数学公式来计算。

元宇宙的整个算力架构高度弹性化，不仅包括"我"所看到的世界及所有的交际和交互，还包括我拿着望远镜或者远程联络器看到的世界，甚至是在元宇宙里探险的遭遇。此外，现实世界中的延时问题，在元宇宙世界里将不复存在，这一切都需要有"宇宙级"的算力支持。

网络与算力技术的升级让信息的传输与计算能力得到保障与提升，5G 与算力技术为元宇宙应用的创新打下了坚实的基础。当数据成为数字时代的生产资料时，算力也将是一种"新能源"，算力将和我们日常生活中的水、电、燃油一样，成为不可或缺的资源。

总体而言，随着计算机技术的不断更新与发展，最初的电子数据交换发展成了互联网，并逐渐开始其"连接"的使命。在这个过程中，我们从过去的"面对面"信息交流和沟通，变成了基于网络通信的"跨时空"双向信息传递。我们对"万物互联""连接万物"表达了极大的渴望，迫切地希望与虚拟世界建立联系。不过，由于当下的网络通信技术的限制，"连接"的效率有待提升。

总体而言，人工智能的发展趋势不可逆；区块链 DeFi、NFT 赛道快速崛起与迭代，已经逐渐走出"代币"炒作怪圈，连接现实世界，虚拟资产逐渐被接受离不开 DeFi 构建的金融系统，NFT 也成为重要的资产模型；VR 设备的兴起及体验改善，显示技术从 3D 向全真演进；

5G 基站大规模建成，纳入新基建及"东数西算"[1]的推进，在网络数据传输、算力上为元宇宙新时代提供了算力基础。

元宇宙不仅是游戏，还是未来承载社交、娱乐、工作的数字化空间，是未来生活方式的关键载体，更为重要的是，那是一个被需要与被认可的数字虚拟新世界。

3.2　元宇宙成熟之路——道阻且长

虽然元宇宙的概念起源于一本科幻小说，也没有经过严格的科学论证，但不妨碍我们用前沿的眼光来看待它。当然，元宇宙的实现也并非顺理成章，我们需要跨过重重障碍。

数字鸿沟是限制元宇宙发展的天花板

在数字全球化进程中，各个国家、地区之间，不同行业、企业之间，不同社区、人群当中，由于信息不对称，利用网络的能力差距逐渐体现出来，最终导致全球互联网渗透率分布不均，形成数字鸿沟。

数字鸿沟限制了元宇宙的用户规模，目前数字用户也将触达天花板。

┃ 互联网渗透率

2021 年，互联网渗透率接近 60%（全球总人口约 75 亿）。其中，移动端用户数量达到 51.5 亿，活跃社交媒体用户数量达到 37.8 亿，移动端社交媒体用户数量也达到 38 亿。

┃ 移动互联网渗透率

互联网增长量主要来源于移动端用户。根据中国互联网信息中心显示的数据，2020 年中国移动互联网用户已达 9.43 亿，互联网渗透率达到 68.9%，增长率为 8%。如图 3-5 所示，中国移动互联网用户及移动互联网渗透率已经达到一个很高的程度。

---

1 东数西算，将东部产生的数据运输到西部，发挥西部数据中心的算力。

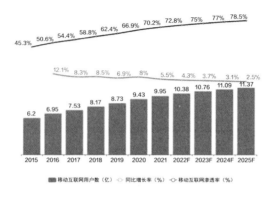

2015-2025年中国移动互联网用户数和移动互联网渗透率

图 3-5　中国移动互联网用户及移动互联网渗透率

根据 IDC 数据显示，韩国移动端用户占总人口的 71.5%，美国、德国、英国、西班牙分别为 69.3%、68.8%、68.6%、66.8%。除去一些不太发达的国家和地区，移动互联网的渗透率目前基本处于封顶状态。

各国和地区互联网速度差距甚远

2021 年，全球的互联网速度达到了有史以来的最高水平，泰国、新加坡、中国香港和罗马尼亚位居前 4 位，如表 3-1 所示。

表 3-1　互联网速度对比

全球网络速度		全球移动网络速度	
国家和地区	网速（Mb/s）	国家和地区	网速（Mb/s）
泰国	308.35	卡塔尔	178.01
新加坡	245.31	阿拉伯联合酋长国	177.52
中国香港	226.80	韩国	169.03
罗马尼亚	190.60	中国	155.89
瑞士	188.88	澳大利亚	112.68

各国和地区的网速有明显的差距，网速的不均衡也将成为制约元宇宙多元化发展的因素。

互联网人口渗透率、移动互联网渗透率、网速等制约条件是元宇宙发展必须要克服的命题。元宇宙并不会是某个国家、地区、企业自娱自乐的场所，世界是多元的，单一元素无法构成丰富多彩的元宇宙。数字鸿沟或许是元宇宙发展难以逾越的障碍，但"破壁"之后的元宇宙将是更加值得期待的未来。

5G/F5G[1]网络渗透率仍然不能满足元宇宙的需求

3G 与 4G 引领了互联网与移动互联网的变革，带来的是文字、音频、视频等传播媒介的变化；5G 时代来临，大带宽、低延时是元宇宙场景的迫切需求，但目前 5G/F5G 网络渗透率仍然较低。5G 的大带宽和低延时可以很大程度提高大型场景的渲染速度及建模精度，尤其在处理大规模群体互动方面。

2021 年 9 月，国务院发布的数据显示，中国境内已经建成超 100 万个 5G 基站，相比 2019 年增长 49%。中国的 5G 基站数目占全球数量的 70%，而且 5G 终端数量的占比超过 80%。

虽然 5G 在中国的发展欣欣向荣，但是全球的渗透率十分低，这将严重阻碍元宇宙的全球化建设，地区发展不均衡最终将导致元宇宙不全面、不完善。

同时，5G 商业模式尚未清晰，F5G 的标准尚未制定，只有攻克这些难点，才能满足 VR 对大带宽、低延时网络的需求，这对元宇宙体验有至关重要的影响。

VR 设备发展瓶颈影响元宇宙"行军"速度

有三个因素影响用户使用 VR 设备的观感，分别是分辨率、帧率和帧延迟。目前用户体验还存在眩晕感、系统延迟、感官冲突等情况，这是限制 VR 设备普及的重要原因。

▎眩晕感

不少人穿戴 VR 设备会有不同程度的眩晕感，而且长时间佩戴会难以适应，直接影响用户体验。造成眩晕感的原因有很多，比如 VR 显示屏画质低劣，很容易让用户产生视觉疲劳，这可以通过提高分辨率解决；更主要的原因是躯体感觉与视觉平衡感失调，比如设备显示器成像的速度赶不上身体移动的速度，这时候需要 VR 设备的追踪系统用难以察觉的匹配速度来跟上人体对视觉信号的反应，所以 VR 的性能还有待提高。

▎系统延迟

在网络游戏中，系统延迟影响着玩家的操作体验。VR 系统延迟越低，用户体验越好，20ms

---

1 F5G，千兆光网，指第 5 代固定网络，其代表为千兆光纤网络。

是一个较佳的标准。由于技术限制，VR 设备是由互动式的 3D 系统构成的，造成的延迟远远高于 20ms。

除了通信网络的延迟，传感器不同步也进一步加重了延迟的感觉，这主要是因为屏幕渲染的帧率（图像连续显示的频率）与传感器刷新率（屏幕重复扫描图像的速度）不同步导致的不规律浮动延迟，影响系统延迟的稳定性。这个问题可以通过使用更高端的屏幕解决，但是成本会成倍增加。

▌ 感官冲突

在 VR 设备的研究中，如何保持用户知觉与视觉稳定一直是要突破的难点。在元宇宙场景中，用户需要频繁实现快速运动，在系统中人物处于运动状态，但现实中人体可能还在原地，这会导致视觉与身体感知的冲突和信息不对称。

VR 底层技术也尚未完善，比如人体定位、应对不同环境的建模、识别与交互、120Hz 的刷新频率及超高分辨率的 VR 显示屏等技术都还有提升的空间。目前 VR 设备算力负荷大、功耗高、续航时间短且价格贵，不适合消费级产品普及推广，而且目前其商业模式尚未清晰，VR/AR 也陷入收费模式单一、稳定性与持续性差的困境。

元宇宙的"肉身"崩溃风险

无论我们想象中的元宇宙有多么复杂与神奇，一切都是由最基础的数据组成的。我们把"造物主"比作一位想象力丰富的孩童，那么这些数据就是他手中的乐高积木，而且积木是无限量供应的，取之不尽，用之不竭，能够把想象中的一切物品通过组合搭建出来。元宇宙也有这样的相似性，新的积木组合不断构建，随着积累的增加，元宇宙里的事物将超出我们的想象界限。同样，随着现实中的数据近乎无限扩展，元宇宙对数据存储的能力要求将导致储存方式的革命性质变。

在现实中，以前的基建是钢筋混凝土，"新基建"则是 5G、特高压、城际高速铁路、新能源汽车充电桩、大数据中心、人工智能、工业互联网七大领域。而在元宇宙中，基建就是数据。不同于现实中"看得见、摸得着"的各种设施，虚拟世界完全是"虚拟化"的。在数字时代的背景下，也可以将元宇宙理解为数据的一种极致应用，是人类利用数据搭建出的虚拟世界。

在元宇宙中，所有人都是一个数据节点与数据生产者，数字身份承载着人的数据档案，在不断交互的过程中织成一张大网，形成社交、商业与生活。这个过程带来的是海量的数据产生、存储与计算，这将给存储设施与计算设备带来难以想象的压力。

而且，与现实世界运行的机制类似，元宇宙实现良好的运行也不能脱离制度、生产力与文明。数据伴随着互联网诞生，云计算因移动互联网而兴起，人工智能也将因数据的极致应用而被广泛使用，元宇宙中的数据应用是"智慧"的。量变引起质变，人工智能在元宇宙中被无限的数据"喂养"，或许它也能实现"数据生命"。

虽然我们渴望数据产生智慧，但同时也会畏惧不受控制的"数据"。元宇宙中的数据是否会失控？虚拟 NPC 是不是拥有自我的思想？虚拟世界的规则会不会失效？这些问题都将影响到元宇宙"肉身"的稳定与安全。

数据是元宇宙的血肉之躯，只有躯体强健，元宇宙才能健康发展。站在商业角度看，这是一个无限增长的市场，而如何保证"肉身"不崩溃，是未来元宇宙发展必将面临的难题。

网络承载亟待质的突破

元宇宙不是游戏，而是一个包罗万象的生态。但目前游戏是最接近元宇宙生态的呈现方式，游戏也将是元宇宙实现的必经之路。

社交网络要实现海量的数据交互，而目前的网络游戏都无法实现。从目前的技术来看，网络游戏要想实现大规模的实时通信，服务器和带宽的承载量还远远不够，超载就容易出现卡顿现象。

每到周末的时候，实时竞技游戏《英雄联盟》大区都需要排队登录，其界面如图 3-6 所示，玩游戏的时候也经常出现卡顿的情况，这都是服务器和带宽不够造成的。

图 3-6　《英雄联盟》的排队登录界面

当然，现实中的游戏是不公平的，至少在体验上存在差异，氪金玩家和平民玩家分别存在于各自的圈子里，氪金玩家"高人一等"的局面似乎并不是元宇宙世界所希望的。真正的开放世界不一定是弱肉强食的局面，虚拟世界的公平性和自由度也是一个需要长期探索的议题。一个跟现实世界有同样体验的元宇宙，是没有吸引力的。

软件、硬件和数据是互联网的三大核心。在计算机硬件领域，传统计算性能的提高是遵循摩尔定律的，随着芯片物理工艺达到极限，算力产业会逐渐摆脱摩尔定律思维，人工智能服务器将会承载元宇宙的存储与计算。5G背景下的互联网数据量是4G时代的千倍之上，元宇宙或将超过现实世界产生的数据量，这将对服务器性能带来巨大的考验。

高速运转、高速通信都是元宇宙的必备基础条件，当网络中的所有参与者都能实时共享各种资源时，元宇宙的时代才算真正到来。

元宇宙可能成为犯罪"新土壤"

虚拟世界并不是与世隔绝的世外桃源，犯罪分子很容易利用虚拟世界的便利性来实施网络犯罪，比如利用网络钓鱼获取用户的账户信息、进行网络诈骗和传播有病毒的软件等。当然，这并非元宇宙发展带来的结果，这些违法行为一直伴随着互联网的发展，新的技术和概念为犯罪分子提供了"新土壤"。

另外，元宇宙本身具有金融属性，也容易产生金融诈骗、数字资产被盗取等风险，因此还需要警惕虚拟世界的新型犯罪，比如利用虚拟资产洗钱等问题。

NFT是元宇宙资产的承载方式之一，但NFT本身也有制约因素，尚未被明确监管。NFT存在的法律政策风险，也是元宇宙目前面临的困境之一。

另外，元宇宙内容创作涉及的虚拟人物会不会引发肖像权等版权纠纷，虚拟演唱会的版权会不会跟现实发生冲突，音乐会不会侵权，文字会不会侵权等问题也需要重视。

元宇宙在现阶段并非是由技术驱动的，而是由资本主导形成的，对自身的规范化有着极高的要求。元宇宙强调所有人共同参与创作，这也必然带来内容审查的问题。高度自由的创造容易让不法分子有可乘之机，暴力、色情等内容一方面需要平台自省自查，另一方面也要依靠外部监管力量，共同打造元宇宙优良的生态环境。

当然，元宇宙的发展将模糊虚拟世界与现实世界之间的界限，削弱我们对虚拟世界遭受伤害的感知力，这类问题不仅是企业的责任，还需要通过教育、培训、宣传等途径来加强人们的网络安全意识。

目前呈现的元宇宙形态受到很大限制，只能是一定范围内的"微型元宇宙"。区块链、5G、VR/AR、AI、算力技术等可以实现元宇宙内容的良好体验，但这些技术在目前都尚未成熟，难以达到元宇宙的理想高度，所以最终呈现的形态可能会让人大失所望，更可能出乎意料。

3.3 电子游戏、Web 3.0、NFT 破局之道

元宇宙是从游戏开始的，游戏本身就意味着一种世界重置。游戏是最具彼岸属性、最能体现人类终极追求的文明成果。

从信息的角度来看，Web 1.0 是单向投喂时代，Web 2.0 是双向可读写时代，Web 3.0 将迎来去中心化权证的时代，元宇宙最终将实现互联网的愿景：自发、自治和自由。

电子游戏是一切的开始

十多年前，市场上出现了一款叫《模拟人生》的游戏，当时手游才开始进入市场，市面还在流行网页游戏，人们十分好奇这款游戏怎么玩。体验之后，人们发现玩这款游戏没有所谓的目的，不存在设定好的关卡，在这个游戏里就是扮演另外一个"你"，在虚拟游戏空间里做什么都可以。图 3-7 所示的是《模拟人生》的宣传画。

图 3-7 《模拟人生》宣传画

如今我们玩的网络游戏，都经过策划，包括游戏角色的各项设定。玩家对于游戏自由度的追求一直没有改变，"无缝地图""自由捏脸"等游戏模式都是不错的尝试，也获得了玩家

的好感与认可。此外，市场上最受欢迎的游戏种类是竞技性游戏，比如《英雄联盟》《王者荣耀》《星际争霸》等，这些游戏与自由度无关，当然这也是竞技类游戏吸引玩家的独到之处。

《模拟人生》这款游戏虽然有其创意和新奇之处，但是游戏内容呈现还是太过单调。直到后来《魔兽世界》游戏的出现，玩家才真正体验到了两种截然不同的人生体验，一种是现实中为工作与生活打拼的自己，另一种是艾泽拉斯世界中的玩家之一。数年之后，不少玩家仍然会想起《模拟人生》游戏，如果能与《魔兽世界》相结合的话，应该是非常值得期待的。如今，很多精美的 3A 大作已经让人们能够在游戏中体验一个较为开放世界了。

21 世纪的今天，游戏已经不像几百上千年前一样简单，尤其是在计算机诞生后，随着游戏策划、程序的实现，游戏的开放度提升了许多，在 Steam、NS、PS5 等平台上体验的各类大作，已经有很多开放式的内容。我们不仅可以在游戏中培养"自己"，甚至可以在游戏中恋爱、结婚，当然也可以通过游戏获得金钱，开放式的剧情可以通过你在游戏里的行为产生与其他玩家不同的"主线任务"，游戏可以发生无数变化。

虽然玩家可以在游戏中体验到数种结局，但这些都是通过程序代码实现的，游戏世界并非自由、无边际的世界，任何一款游戏都在游戏公司的掌控中。

所以，人们希望有这么一款游戏，玩家是"主宰"，这让我们在元宇宙中迈出了非常重要的一步——拥有人类完全控制的游戏世界。

Web 时代的变迁与革新

元宇宙并非是近年来才诞生的，互联网诞生几十年以来，元宇宙的概念早已化身万千，根植于我们所处的网络世界里了。

▎Web 1.0：展示平台，信息投喂

Web 1.0 由谷歌发起，最原始的互联网公司有 AltaVista 和网景。AltaVista 是在谷歌之前最大的搜索引擎，创立于 1995 年，在 2013 年被雅虎关闭；网景成立于 1994 年，网景浏览器也曾经风靡一时，因为倒闭比较早，很多人对其几乎没有印象。最早期的互联网只提供广告服务，网页只能实现"可读"。图 3-8 所示的是 AltaVista 搜索引擎界面。

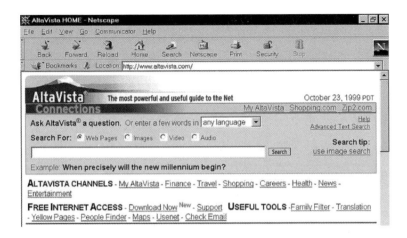

图 3-8　AltaVista 搜索引擎界面

直到现在，很多网站还停留在 Web 1.0 阶段，商家和企业只需要一个简单的页面，就能向消费者展示产品，从而获取订单盈利。他们只需做到内容准确，网页阅读流畅即可，不用考虑用户的交互体验等因素。

Web 2.0：社交平台，信息可读写

在 Web 1.0 之后，互联网迭代为 Web 2.0，即"可读写"网络。用户不再被局限于浏览网页，可以自己创建内容并上传到网页上，从早期的 BBS 灌水，到后来的论坛贴吧，随后是自媒体时代的博客、公众号，以及目前最流行的短视频领域，都在这个范畴内。

人们常用的社交软件和直播平台可以被视为 Web 2.0 的典型代表。

现在，用户的评论互动是影响商业效益的关键因素之一。商家设置点评功能对用户的购买决策可起到关键作用。一项调研结果显示，90%的消费者在淘宝、京东等电商平台购物之前都会参考评论，88%的用户会根据评论决定是否购买。Web 2.0 的诞生使得互联网更贴近大众，用户与互联网实现双向交流，人们的生活方式发生了翻天覆地的变化。

Web 2.0 时代的土壤让元宇宙正在发芽。元宇宙可以理解为"CDPST"的结合体，即"Create+Display+Play +Social +Trade"的互联网综合体，包含了创造、展示、游戏、社交与交易。按照这个模式，我们再来看游戏，你会发现《魔兽世界》与 Roblox 或者《模拟人生》相结合，就可以定义一个元宇宙概念，但这是 Web 2.0 时代的元宇宙，是彻底割裂的。

我们在《魔兽世界》获得的金币无法在《模拟人生》中使用，两者的金币虽然本质上没有

区别，*Roblox* 的装备也不能在《魔兽世界》里呈现并使用，每款游戏的角色是独立的，账号是不同的，背后的数据掌握在不同的运营商手中，既不公开可见，也无法互通。

这不是我们想要的元宇宙，或许在 Web 3.0 时代才能有机会实现元宇宙。

▌Web 3.0 的元宇宙：去中心化平台，用户拥有主权

互联网之父蒂姆·伯纳斯·李在 1990 年实现了与服务器第一次通信，他向所有互联网从业者呼吁"互联网应该保持开放和中立"。

Web 3.0 时代的更迭有了实现互联网保持开放和中立的契机。事实上，Web 3.0 是一个正在尝试的概念，本身并不成熟，区块链技术本身也还处于快速发展的阶段。站在区块链的视角，用户拥有自己的数据，可以自主地在不同平台分享，并强调网络安全和达成数字财富的共识，这就是 Web 3.0。

Web 3.0 能让网络高度虚拟化，给我们带来更大更自由的空间，顺应我们对隐私保护的需求，实现对自我数据管理的权力，体现了高度的互动性与个性化。

分布式数据网络赋予了 Web 3.0 一种去中心化的方案，数据可以通过点对点模式传输。这可以理解为最原始的点对点网络，也就是分布式网络。作为用户，你会收到一份你所访问的网站的副本，然后将该副本传输给另外浏览此页面的用户，以此类推，访问网站的人越多，服务新用户的能力就越大，这样就能实现对中心化服务器的需求，同时也避免了中心化服务器带来的潜在风险。

去中心化网络可以实现目前互联网生态系统的大部分内容，包括虚拟主机、存储、域名、应用，甚至是搜索功能。分布式存储一直以来都是区块链领域的热点，任何人都可以成为存储提供商，为网络贡献存储空间。

在分布式网络中，任何一个机构或者公司都不能对数据进行控制，要想挖取和分析已存储的用户数据，需要从百万个甚至千万个存储空间去检索。正因如此，Web 3.0 改变了当前中心化网络造成的权利不平衡的局面，对数据的处置权重新交到用户手中，这才是互联网最初的构想。

Web 3.0 时代正在发展中，元宇宙的游戏体验还不尽如人意，甚至不如 Web 2.0 时代的 3A 大作，如果你尝试过 *Decentraland*，同时也玩过《魔兽世界》，那你可以清晰地感受到它们之间的体验差距。

当然这些都不应该是看低元宇宙的原因，毕竟 Web 3.0 时代的元宇宙才刚刚起步，十年之后回看，一切都将不同。因为 Web 3.0 时代的元宇宙，有着 Web 2.0 时代完全不具备的几个基础设施和技术条件，比如区块链、NFT、AR/VR、AI 等。

让我们一起幻想 Web 3.0 时代的一个元宇宙场景。

工作一天回到家，你戴上时新的 VR 眼镜或者头盔，进入一个叫"地球 online"的元宇宙程序。在这个虚拟空间里，你同样拥有一个属于自己的房间，家具电器一应俱全。

今晚你和现实中远在千里之外的恋人将要一起看演唱会。于是你兴高采烈地取出这几天的（挖矿）收益，打开通向 Uniswap 拍卖场的通道，穿越时空来到卖场，将收益挂出并获得印有 ETH（任意一种）Logo 的数枚金币，那是今晚约会需要花费的"重金"。

接下来，你赶往 OpenSea 的售票处，从一位漂亮的售票员那里买来两张 NFT 门票。你会想这位售票员是 AI 还是一位玩家呢？

为了这场约会，你期待了很久，虽然花费了重金，但是你在不久前从元宇宙银行贷款买下了市中心的地皮，随着"地球 online"的玩家越来越多，那块地皮已经升值了十倍，等再涨涨，你就是有钱人了。

很难想象这样的场景能够实现，未来在元宇宙里或许我们能够做到更多，实现我们无法想象的功能。毫无疑问的是，元宇宙离不开 Web 3.0 的技术设施，并非像传统的 Web 2.0 时代，由一家"巨头"创造出开发工具和制定规则，包揽流量数据，然后自筑高墙，打造自己的生态。

我们曾是 Web 1.0 的阅读者、Web 2.0 创作者，在 Web 3.0 时代我们将扮演构建者。 可以想象到的是，我们的信息不再归属于任何一个中心化的机构或者公司，我们的账号可以在各大平台、DApp[1]畅游，进而获得全新的和更好的体验。

由此，区块链是不可或缺的要素。没有区块链，元宇宙将失去数据与信息层，这样的元宇宙是中心化的，中心化的数据壁垒将完全破坏元宇宙的生态架构，那样，互通与协作就会成为天方夜谭，所以区块链是打造元宇宙的基础设施。

区块链将在元宇宙中扮演建筑师的身份，并构建一个稳定的价值载体。当然，构建一个现实世界感触体验还需要一系列庞大的基础设施支持，比如 5G 通信、VR 人机交互设备、IoT

---

1 DApp，Decentralized Application 的简称，即去中心化应用，指基于区块链智能合约的应用程序。

设施、AI 技术及算力设施等，这些都是缺一不可的关键产业支柱。此外，在区块链方面，数字身份、去中心化存储及隐私计算仍有待发展。

3.1 节提到了 DeFi 的重要性。DeFi 去中心化金融系统能够加速元宇宙的构建，用户也将更容易进行交易活动。DeFi 融入元宇宙经济系统中，结合 NFT 能够拓展到元宇宙的内容创造、知识产权、交易记录、身份证明、金融行为等，创造出更加多元化的虚拟世界。

此外，从区块链、5G 通信、VR 人机交互设备、IoT 设施、AI 等支柱产业的发展现状来看，区块链是最有可能落地的方向。NFT 可能成为数字资产承载物，通过映射数字资产，虚拟空间里的所有物品都有了可交易的媒介。所以，元宇宙更需要结合的是区块链加密技术带来的价值载体——NFT。

NFT[1]的破局之道

区块链、5G 通信、物联网、AI 等技术从本质上来说都是基础设施，可为元宇宙搭建提供不可或缺的技术解决方案。而元宇宙要真正运作起来，必须有经济活动，有了经济活动的元宇宙才能称为真正的世界。经济可以理解为社会供求关系的总和，需要某些交易媒介，更重要的是提供锚定价值，而且不可复制，具有稀缺性。

NFT 完美解决了这一问题，NFT 的属性使每一个 NFT 都是唯一的和真实的，用户可以真正享受到独有数字的所有权，而基于拥有稀缺性的价值锚定物，可以保证进行交易，进而形成商业，各种经济往来也使得元宇宙生态活跃起来。

从 2021 年 3 月开始，一系列 NFT 热点事件爆发，得到了大众的广泛关注并成功破圈，在艺术品、游戏、音乐、体育、门票等领域多点开花。千万美元级别的拍卖价，带动了市场的繁荣，NFT 的发展从一开始便顺风顺水。对于元宇宙的发展，NFT 将进行虚拟资产和虚拟身份承载，为元宇宙释放真正的活力，延展更多的价值空间。

为什么元宇宙需要 NFT？现实世界的稳定运行，离不开规则制定与社会治理。从管理方式上来看，元宇宙像是自治组织，目前没有人、机构、政府来制定规则，因为不管是虚拟世界还是现实世界，或是虚拟与现实交互的世界，都需要治理，那么元宇宙要如何实现自治？

---

1 NFT 的全称是 Non-Fungible Token，中文常翻译为"非同质化代币/非替代代币"。事实上，NFT 并非数字虚拟代币，本书用权证代替代币更为合适。

NFT 的价值体现在大规模使用的场景中，元宇宙能够提供 NFT 实现价值的场景，NFT 的特性让其成为元宇宙重要的组成部分。

NFT 首先解决了虚拟物品的价值承载难题，这就意味着，元宇宙的虚拟物品都能实现 NFT，借助元宇宙的概念，NFT 将实现更多的突破创新。

元宇宙是超越物理空间与现实时间等多维度的共享环境，未来或许有新的通信技术将实现虚拟世界与现实世界的沟通互动，并持续地为用户提供服务，角色的共存将超越现有的物理角色，具有超乎想象边界的可拓展性。

元宇宙通过提供多元化内容，在交互中进一步产生数据与数字物品，成为一个丰富精彩的社区。NFT 可以解决元宇宙中的物品流动性和实际应用的问题，借助元宇宙进一步沉淀应用场景、社交基础和物品交易体量，NFT 可支撑元宇宙的长久性发展。

当所有事物都能用数据体现，万物皆可数字化，NFT 也将成为构建元宇宙的重要推手。如今的 NFT，虽然概念持续爆火，但资本追逐导致的泡沫终将会破灭，火热的 NFT 项目或许都将陷入盲目引发新资产的困境之中。

区块链、Web 3.0、NFT 将引导元宇宙最终走向自发、自治和自由。元宇宙值得畅想，或将成为互联网时代的终极形态。

3.4　元宇宙的发展趋势

元宇宙尚处在概念提出的早期，充满不确定性，我们只能结合历史经验和社会发展的客观规律，对其做出趋势性的预判。

元宇宙的发展趋势特征

目前元宇宙尚未成型，它将随着时代的发展在更高效运行、智能体验、民主化进程等方面呈现以下六个趋势特征。

▍趋势一：低代码，开发效率提升

元宇宙必将打开低代码开发的新局面。在"2021 阿里云开发者大会"的应用开发论坛上，钉钉重磅发布了国内首个低代码开发聚合平台——"钉钉搭"低代码应用广场。未来钉钉应用相关的生态产品都将以低代码的形式出现。

元宇宙带来了低代码的行业发展趋势，技术开发人员的参与门槛将比传统互联网更低。国外也有许多低代码开发平台，比如 LCAP、Power Apps、App Maker、Mendix、OutSystems 等。低代码的核心特点是全栈可视化编程、全生命周期管理和低代码扩展能力。不只是少写代码，多快好省、高效率一直是程序开发追求的目标。

趋势二：更智能，机器更懂你

在高度信息化的时代，目之所及的都是数字化商品信息，机器人通过深度学习和人工智能技术，已经进入了我们的生活，比如扫地机器人，正在代替"懒人们"进行重复、琐碎的清洁工作。

人工智能的发展意味着人力的解放与智力的释放，将来元宇宙中所需的人工智能技术能够更好地服务用户。这些技术可以读懂人类的躯体动作，还会预测人类的动向，终将实现与人脑神经元的交互。

人工智能技术将为元宇宙实现更多的角色功能，比如游戏里更加智能的 NPC，元宇宙里的"交警"、"医生"、"服务员"及"行政人员"等。

趋势三：真体验，可穿戴设备

人类的生活将与各种智能交互设备绑定在一起，智能交互设备在人工智能的帮助下将更理解用户的行为与习惯。未来的智能设备会实现将画面投射到视网膜的功能，实现真正的全息体验。通过智能设备连接元宇宙，在元宇宙中可体验更加真实的场景交互，这将是一种新的生活方式。

趋势四：民主化，开放网络

开放的网络环境与生态是元宇宙的基本构想，从互联网发展至今，人们见证了谷歌、腾讯、百度、阿里巴巴从 PC 互联网到移动互联网的转移，元宇宙拥有更加民主化的未来。

开放的元宇宙终将取代封闭的平台。根据里德定律（Reed's Law），构建群体是互联网最大的价值所在，随着联网人数的增加，网络价值将呈指数级增加，即网络价值 V 等于 2 的 n 次方。

未来，元宇宙中将有大量的开放平台出现，平台更加民主化，人们将拥有自己独特的数字身份系统，从而拥有对自己数据的自主权。

▋趋势五：分散式，多元化结合

区块链是分布式技术的集合，区块链信息记录及数字资产交易的过程，可以理解为分散形式的治理，在元宇宙中是最基本的行为。

区块链的可编程特性是元宇宙的另外一个关注点，可编程性以太坊（Ethereum）和智能合约（Smart Contract）有很大作用。

根据里德定律，互联网中的节点越多，价值越大，而元宇宙中的每一个数字身份都可能成为一个节点，元宇宙也将更加多元化。

▋趋势六：超链式，社群连接成片

虽然元宇宙具备开放与自由的属性，但不意味着所有的应用程序与形态都将被接受，无秩序与无节制的扩张最终将走向灭亡，带有局限性的开放世界更加安全，而这也是用户体验中很重要的环节。

在 *Roblox* 中，开发者自建内容的游戏就像是搭建自己的"局域网"，未来元宇宙中将出现无数个这样的自建网络结构，通过超链接的形式组合在一起构成元宇宙。

元宇宙给人们带来无穷无尽的想象，在可预见的将来，元宇宙不仅以新时代的内容呈现，还将是一个充满活力与诱惑的世界。

元宇宙的两个阶段与三个时期

第一阶段：多个虚拟社区"分布式"存在，会涌现一大批元宇宙虚拟平台。

第二阶段：大量的虚拟平台在利益的驱动下被一套系统串联起来，当现实中各类型公司的功能在虚拟世界中交叉存在时，元宇宙也就诞生了。

然而，要想实现真正的元宇宙，我们还有多远的路要走？元宇宙将朝着什么方向发展？我们大致可以做以下一些猜想。

第一时期——元宇宙社交与游戏爆发出现：在虚拟世界中可以实现基本的社交与娱乐功能，参与者将找到归属感。

第二时期——虚拟与现实交替：在元宇宙中将实现消费、金融、生活服务等现实世界中的场景，元宇宙参与者人数骤增，用户进入元宇宙将成为潮流。

第三时期——真实元宇宙：与"超元域""绿洲"类似的虚拟世界构建完成，虚拟和现实世界融为一体，在虚拟世界中形成新的文明。

元宇宙实现的三条路径

"玩"是人类的天性，所以游戏模式很容易被人们接受，元宇宙以游戏形态出现在大众视野中是很好的切入口。游戏被视为元宇宙的载体之一，但随着不同行业的布局者进入和元宇宙赛道的增加，实现元宇宙的路径也将更加多样化，这里归纳三条主要的途径。

▌第一条途径：*Roblox* 与 UGC 内容

Roblox 相比其他项目，从商业模式与运行系统上来看更靠近元宇宙的概念。

"平均每天有来自世界各地的 3620 万人到 *Roblox* 中跟朋友联系。在这个由将近 700 万活跃开发者组成的社区开发的、完全由用户生成的 3D 数字世界里，他们一起玩耍，一起学习，一起交流，一起探索，增进他们的友谊。我们把这种新兴的体验叫作'人类共同经验'，这就是我们在 2004 年所设想的社交互动的新形式。我们的平台建立在用户生成内容的基础上，并且从游戏、娱乐、社交媒体，甚至玩具中汲取灵感。"[1]

Roblox 平台将元宇宙的特征分为身份标识、社交、3D 沉浸式体验、实时性、易操作、内容多样性、经济活力与文明属性。

Roblox 平台、普通用户和开发者共同构建出元宇宙 UGC 生态。普通用户除了能体验内容，还能提供基础的 UGC 内容，还有最基础的充值订阅（购买作品、建设素材及形象等）；普通用户也可能成为专业的开发者，制造 UGC 内容。*Roblox* 平台给予开发者技术支持，同时给予开发者收入分成，虚拟创作能获得现实中的收益，这是元宇宙良性经济循环的重要一步；普通用户与开发者提供的 UGC 内容纳入 *Roblox* 平台中，构建平台 UGC 内容生态。

Roblox 被视为元宇宙雏形或者 1.0 阶段，从 *Roblox* 发布的财报可知，2021 年其 DAU（Daily Active User，日活跃用户数量）在 3000 万到 4000 万之间，而这个数据在 2018 年只有 1300 万左右，逐年增长的数据体量背后，是 UGC 内容生态的多样性与完善性的贡献。

---

1 来源于 Roblox 招股书的翻译。

Roblox 不仅具备游戏功能，社交性也体现在平台内容中。据数据显示，*Roblox* 超过半数的用户是未成年人，这样的用户结构也让一些人称 *Roblox* 为"小学生"平台。在中国，未成年人玩游戏受到的限制越来越多，所以类似 *Roblox* 的游戏在中国的定位将大有不同。

▌第二条途径：用高品质 3A 游戏强行开辟一条路

现如今的游戏市场涌现出太多的 3A 大作，人物建模精美、场景写实逼真、剧情引人入胜。比如前文中提到的 *GTA*，虽然不是元宇宙产品，但是 *GTA* 真实地还原出城市的样貌。精益求精的游戏细节，让玩家拥有高度自由。以 *GTA* 等游戏为基础内容，在此之上构建元宇宙，或许并非天方夜谭。

Roblox 胜在模式上的创新，但其画质与体验不能兼得，也是巨大的遗憾。PGC（Professional Generated Content，专业生产内容）模式需要更加强大的游戏引擎、算力需求、显示技术等。从 3A 游戏进入元宇宙这个角度来讲，能够具备这样条件的游戏公司屈指可数。

在中国，腾讯积极布局元宇宙，其投资的 EPIC 游戏公司于 2021 年推出 UE5 引擎（虚幻引擎 5），这是目前最优秀的游戏引擎之一，将游戏画面质量提升到新的高度，小到毫米级、大到千米级的场景渲染游刃有余。

UE5 这样的游戏引擎是未来打造元宇宙的必备工具，游戏内容生产力的提升，让 3A 级的元宇宙游戏有了实现的可能。

▌第三条途径：VR/AR 打造沉浸式的虚拟空间

Facebook 进入元宇宙的切入点是 VR，其旗下产品 Oculus2 一直是全球 VR 的标杆产品之一。目前 LED 等显示屏带来的视觉效果已经达到瓶颈，曲面屏的流行并不能说明屏幕带来的视觉感受有质的飞跃，VR/AR 是能达到沉浸式体验较为现实的方案。

VR+场景是元宇宙重要的突破口。比如，Facebook 推出的 Horizon Workrooms 产品，就是 VR+会议场景的体现，用户在 Horizon Workrooms 中进入一个虚拟的会议空间，这个空间就是"会议室"，与会人员在这个共同的空间内展开会议事宜。当然，VR+也能实现社交、游戏、教育、医疗、政务等其他场景需求。

在中国，字节跳动收购了 VR 硬件厂商 PICO，或许正在复刻 Facebook 收购 Oculus 的成功案例。通过 VR 打造新的虚拟空间，全方位实现社会中各种场景的需求，从而实现元宇宙。

从更加长远的角度来看，VR 技术成熟，生产力提升，成本下降，未来 VR 或许能像智能手机一样普及，成为人们随身必带的智能终端设备，随时随地进入元宇宙的梦想也将照进现实。

总结这三条路径，其实不难发现，任何一条路都没有捷径可走。*Roblox* 需要解决用户的结构问题，单一的用户结构导致 *Roblox* 最终成为"垂直的领域"中的强者，而不是一个"元宇宙"；任何符合标准的 3A 游戏或超 3A 游戏的研发时间都需要 5 年以上，《赛博朋克 2077》在 2012 年立项研发，到 2021 年才正式推出，普通人的一生或许真的等不到几款 3A 游戏，元宇宙从 3A 游戏出发，或许是一条最耗时间的路径；VR 销量近两年取得了巨大的提升，但离普及的程度还相距甚远，如同移动互联网时代到来的时间与手机出现的时间相隔近三十年。

所以，元宇宙尚处于布局及概念推广普及的阶段。虽然离实现元宇宙还有很长的一段距离，但是在发展过程中，我们也会看到许多的机会，UGC 内容、游戏和 VR 都将是风口上的"猪"。

Metaverse

掘金篇

第 4 章
元宇宙风口上的"猪"

4.1　元宇宙赛道上的领跑者

赛道之所以精彩，在于这个赛道上那些领跑的主角。

事实上，资本市场似乎"反应迟钝"，直到 2021 年第 2 季度才表现出对元宇宙赛道的高涨热情。在 2021 年之前，外界对于元宇宙的感知还停留在影视作品、文字或一些 VR 游戏上，没有一家公司将自己真正定义为元宇宙平台。

"忽如一夜春风来"，腾讯、Facebook、苹果、英伟达纷纷打响了元宇宙投资竞赛的信号枪。

腾讯：我负责收购，你们负责打造

2021 年 3 月，*Roblox* 在资本市场引发震动，其市值一年涨幅超过 10 倍。而早在 2019 年，它就获得了腾讯的青睐及巨额投资，并被引入中国市场。

腾讯经常通过收购市场表现优秀的产品来构建自己的生态系统，这一次也用"买买买"的豪气扩张元宇宙的布局版图。除了收购，腾讯也在自己的产品体系中展开了元宇宙方向的改革。

2021 年 4 月，腾讯进行大规模组织架构调整，天美工作室（《王者荣耀》的开发、运营者）的负责人被调整为 QQ 的主管。此外，据说天美工作室正在研发一款"写实画风"的游戏，对标《头号玩家》中的"绿洲"场景，如图 4-1 所示。

图 4-1　《头号玩家》中的"绿洲"场景

腾讯提出的"全真互联网"将从虚实两个维度提升用户的真实体验。从这一点看，全真互联网和元宇宙异曲同工。

全真互联网是腾讯认为必须打赢的战役，是拿下元宇宙门票的重要途径。为了实现这个目标，腾讯开始"一掷千金"地收购。

除了投资 Roblox 公司，腾讯还拥有 Epic 公司 40%的股份。Epic 被视为最具元宇宙概念发展潜力的游戏公司之一。

2021 年 4 月，Epic 再次获得高额投资，高达 10 亿美元的融资将用于元宇宙开发。虽然元宇宙的概念尚未大面积爆发，但以 Epic 为代表的公司享受到了首轮概念红利。

Epic 游戏在元宇宙的概念下成为"大熔炉"。比如在《堡垒之夜》中，漫威与 DC 的角色同台共舞，其海报如图 4-2 所示，虽然它们之间有过一些不和谐的经历。还有一点，Epic 游戏商店的提成只占总销售额的 12%，几乎是所有平台中最低的，这也更加符合元宇宙的构想，更高的收益将激励创作者参与游戏系统的构建。

图 4-2　《堡垒之夜》海报

而且，在 Epic 游戏平台中，只需要一个身份——one-pass，即可畅玩所有游戏。

作为游戏与社交领域的龙头公司之一，"收购"动作将不断完善腾讯的元宇宙生态系统。图 4-3 所示为腾讯的元宇宙生态。

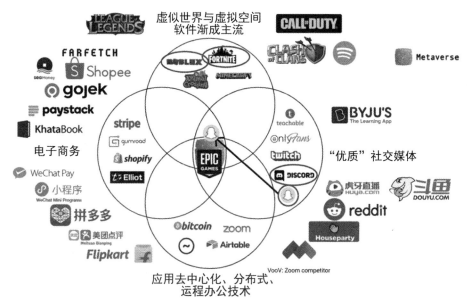

图 4-3　腾讯的元宇宙生态

Facebook：赌 VR 是下一个社交平台

同为社交巨头，Facebook 对元宇宙的布局更早，其在 2014 年 3 月就收购了 Oculus VR。VR社交成为 Facebook 争夺移动互联网之后下一个红利的砝码。2014 年，元宇宙的概念还没有真正流行起来，而 7 年之后，元宇宙概念爆发，VR 被视为元宇宙的重要入口，Facebook

也借势宣告将在 5 年后成为元宇宙公司。

Facebook 不满足于"称霸"社交领域，2021 年宣布收购 Unit 2 Games，后者的代表作 *Crayta* 与 *Roblox* 相似。这标志着 Facebook 正式进军元宇宙游戏领域。

游戏是离虚拟世界最近的场景，虽然社交是 Facebook 的根本，但社交与游戏本身具有共同特征，两者之间的连接、融合是 Facebook 打造元宇宙的重要方向。

表 4-1 列出了 Facebook 有关 VR/AR 业务发展的投资汇总，可以看出 Facebook 的"野心"，其在 VR 视觉方面重点发力，涉及显示技术与人机交互系统，同时在云游戏等热点领域也不甘落后。

表 4-1　Facebook 有关 VR/AR 业务发展的投资汇总

公布时间	企业名称	融资/投资（金额）	领域	公司业务简介
2014/2/20	Vicarious	B 轮（4000 万美元）	智能硬件	人工智能技术公司，致力于将人类的大脑皮层信息以计算机代码的形式复制下来
2014/3/26	Oculus VR	并购（20 亿美元）	智能硬件	成立于 2012 年，是一家虚拟现实技术公司，主打产品为 Oculus Rift
2014/6/25	Carbon Design	并购（Oculus）	设计	产品设计
2014/7/8	RakNet	并购（Oculus）	软件工具	研究通过网络连接游戏的软件开发引擎
2014/12/12	13th Lab	并购（Oculus）	技术服务	计算机视觉技术
2014/12/12	Nimble VR	并购（Oculus）	技术服务	手势追踪及视觉技术开发
2015/7/16	Pebbles Interfaces	并购（Oculus）	技术服务	手势识别技术
2016/5/23	Two Big Ears	并购	软件工具	沉浸式音效公司
2016/9/20	Nascent Objects	并购	技术服务	模块化电子系统，3D 打印（硬件发展）
2016/10/14	InfiniLED	并购（Oculus）	技术服务	无机发光二极显示技术
2016/11/16	FacioMetrics	并购	软件工具	面部表情识别

续表

公布时间	企业名称	融资/投资（金额）	领域	公司业务简介
2016/11/1	Zurich Eye	并购（Oculus）	技术服务	计算机视觉技术，内置式位置追踪技术
2016/12/28	The Eye Tribe	并购（Oculus）	软件工具	眼球追踪
2019/9/24	CTRL-Labs	并购（10 亿美元）	软件技术	脑机接口研发服务商
2019/11/27	Beat Games	并购	游戏	游戏工作室
2019/12/19	Play Giga	并购（7800 万美元）	游戏	云游戏业务（为进一步推进视频游戏市场）
2020/2/9	Scaple Technology	并购（4000 万美元）	技术服务	开发基于计算机视觉的"视觉定位服务"
2020/2/26	Sanzaru Games	并购	游戏	VR 游戏工作室

Facebook 通过收购 Instagram 与 WhatsApp，打造了全球使用人数最多的社交网络。Facebook 的用户未来将通过"账户"完成元宇宙数字身份的创建。虽然目前社交系统的虚拟化还不充分，但 Facebook 正在沿着这个方向前行。

苹果：来势汹汹，未来的头号搅局者

游戏与社交并非元宇宙的全部，还有软硬件设施是元宇宙的基础。2021 年苹果全球开发者大会公布了 iPhone 手机的 AR 新功能，如图 4-4 所示，展现了苹果对元宇宙的押注方向。

只要拿出 iPhone 扫描前方建筑，借助 AR 技术就能显示详尽的步行路线

图 4-4 iPhone 手机的 AR 新功能

根据苹果全球开发者大会上发布的信息，苹果计划于 2022 年发布第一款头显（头戴式显示设备的简称），相比市面上常见的 VR 头显有明显的区别。苹果的设备将会实现 VR 和 AR 一体化，进一步减小体积，提升适用性。

苹果的头显将与 Facebook 直接竞争。过去，苹果的成功离不开超前的交互设计，iPhone、iPad、iWatch 都是移动互联网时代的宠儿，下一个时代将会由什么产品主导？苹果押注 AR。图 4-5 所示为苹果的头显示意图。

图 4-5 苹果的头显示意图

苹果关于 VR/AR 的布局或始于 2015 年，当时苹果申请了一份关于头显的专利，并发布招聘信息寻找 VR/AR 程序员开发下一代产品。

除了硬件设备，苹果还在 2015 年收购了 Metaio，该公司能快速创建虚拟场景。只要在手机上安装 App，就能通过扫描物品呈现该物品原本的样貌。图 4-6 展示了 Metaio 创意。

图 4-6 Metaio 创意

2020 年 5 月，苹果首次并购 VR 内容领域企业——NextVR 直播公司。截至本书编写时，苹果已有 18 次 VR/AR 相关并购行为。

据传，截至 2019 年年底，苹果 VR/AR 项目的员工超过千人。仅在 2020 年，苹果曾发布了数十次 VR/AR 相关的招聘启事，涉及 VR 场景消费关系、相关技术深度研发等方面。

在频繁布局 VR 领域的背后，是苹果对未来生态的协同推动。在元宇宙入口的赛道，苹果将与 Facebook 直接碰撞。

英伟达：逐梦元宇宙

英伟达进军元宇宙的起点是 Holodeck。2017 年，英伟达推出一款 VR 辅助设计工具——Holodeck，并在 2021 年 4 月重磅推出 Omniverse，一个正式以元宇宙命名的虚拟工作平台。

Omniverse 是一个实时模拟仿真平台，用户能够在平台上使用其数字孪生系统，实现高清断度的渲染效果，以达到实时无缝协作的目的，让设计与生产过程的效率最大化。Omniverse 是英伟达在制造业领域进行的元宇宙平台建设，可以视为元宇宙的底层技术平台。

通过 Omniverse 平台打造出一个数字孪生体，用户得以进入一个虚拟的数字世界，通过对大规模现实事物的模拟，打造出一个巨型的现实世界测试网，以降低试错成本，提高经济效益。

目前，使用 Omniverse 平台的用户包括著名的汽车制造商宝马、游戏公司 Epic、手机通信商爱立信，以及应用软件开发商 Adobe 等。

宝马是第一家使用元宇宙平台 Omniverse 进行全生命周期模拟设计的汽车制造商。宝马的数千名设计师通过虚拟平台进行协作，完成设计、模拟、优化等过程；爱立信利用此系统模拟 5G 网络部署；Epic 通过该平台进行游戏场景渲染……

利用虚拟空间实现时间与空间的扩展，Omniverse 将成果运用于现实生产过程，元宇宙概念落地有了真正的意义。

随着元宇宙越来越受追捧，并被像腾讯、苹果、Facebook、英伟达这样有实力的公司应用到社会生产中，虚拟的未来世界或许离我们越来越近。

4.2　竞争——国内的元宇宙赛道

一条具有颠覆、革新意义的历史大赛道上，不会只有几家传统互联网大公司在独舞，一定

还有初创型平台弯道超车的机会。相较大平台，初创型平台有着更好掌握细分领域技术、更接近产业发展前沿、更善于挖掘一线客户需求，以及能够快速转型、迭代的优势。

在国内的元宇宙赛道上，初创企业可以分为三类，分别是 UGC（用户生成内容）平台、AI（人工智能）公司和 VRChat 类社交游戏平台，代表公司有迷你玩科技、启元世界和光追网络等。

UGC 创造平台/游戏引擎赛道的众多选手

UGC 平台与人们的生活最贴近，比如微信公众号、朋友圈、微博、贴吧及抖音等短视频应用。UGC 的内容逐步走向垂直化，UGC 的兴起推动平民文化走向前台，模式的转变带来的是用户生成内容方式的崛起。

UGC 发展了许多年，游戏领域在此赛道上有很多"老选手"，《星际争霸》《魔兽争霸》提供了非常早期的游戏编辑器，它们也属于最原始的 UGC 平台。后来的《我的世界》《迷你世界》等游戏更加开放自由。

商业模式是游戏发展的核心之一，曾经红极一时的 DOTA 就诞生于《魔兽争霸》编辑器，但创作者并没有从中获利，以至于编辑器仍然是小众产品，无法进一步扩大规模。

UGC 游戏赛道的新贵们取得了巨大的突破，前文提到的 Roblox、字节跳动收购代码乾坤的作品《重启世界》、网易河狸计划，以及莉莉丝的达芬奇计划，这些都是面向青少年的游戏开发平台，激励开发者创造内容，并获取丰厚的收益。

以微信公众号、朋友圈为代表的 UGC，以及以游戏为代表的 UGC，是内容创作的时代缩影。UGC 模式是一种梦想。通过 UGC，游戏爱好者总是希望玩到更适合自己的游戏，自己创造一款游戏又何尝不可呢？自己决定游戏的设计、人物和模式，这也是元宇宙思维的体现。

▎UGC 创造平台/游戏引擎——迷你玩科技

深圳市迷你玩科技有限公司成立于 2015 年，是沙盒游戏《迷你世界》的研发商及运营主体。

《迷你世界》是一款休闲类 3D 沙盒游戏，玩家拥有极高的自由度。玩家通过联机模式与世界各地的玩家共同创造，没有等级与规则限制，能够最大限度发挥天马行空的想象力。图 4-7 是《迷你世界》的游戏场景。

图 4-7　《迷你世界》的游戏场景

在游戏里，玩家可以冒险、打 BOSS，也可以过田园生活耕种作物，内容玩法丰富多样。不光是 UGC 内容，迷你玩科技还不断完善与研发更加开放的游戏引擎，比如可视化编程软件，形成了较高的技术壁垒。

《迷你世界》立足于国内，拥有很强的竞争力，并不断向海外延伸，打造更强的竞争力。图 4-8 是《迷你世界》与《冰雪奇缘》联动的界面。

图 4-8　《迷你世界》与《冰雪奇缘》联动的界面

《迷你世界》拥有大量的热门 IP 形象，益智、健康的风格受到广大用户的喜爱。为了满足用户多元化精神娱乐需求，迷你玩科技推出了文具、玩具、图书、饰品等多种衍生商品，在动漫、有声书籍等文创内容上也积极布局。

▎UGC 创造平台/游戏引擎——代码乾坤

代码乾坤因字节跳动的收购出现在大众的视野中。凭借 UGC 创造平台与游戏引擎《重启世界》，代码乾坤在 2019 年和 2020 年分别融资 1 亿元人民币和 3 亿元人民币。

《重启世界》不仅是游戏创作平台，还拥有国内领先的物理交互引擎技术，这将极大地影响游戏产出的丰富程度，目前该技术已经获得 20 余项专利，能够更加真实地模拟物品的动态过程，极大地降低了创作者的参与门槛。图 4-9 所示为《重启世界》的编辑器。

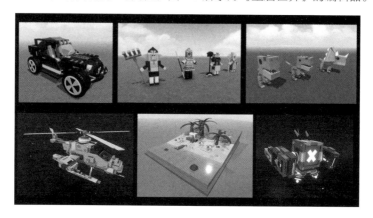

图 4-9　《重启世界》的编辑器

目前，《重启世界》的商业变现主要依靠传统的内购及会员销售等手段。

UGC 创造平台的成功与否取决于大众的参与率，难度过高会将大部分人拒之门外。此外，UGC 内容本身的竞争力也决定了参与者在这个赛道上是否会成功。

元宇宙赛道——AI 公司

元宇宙从某种角度来看是虚拟世界对现实世界的仿真。在 AI 领域，腾讯 AI Lab 的"绝艺"在 2017 年一鸣惊人，战平我国围棋手柯洁，击败了韩国围棋手朴廷桓，这是人类让 AI 对现实世界的智能仿真。

▎启元世界

中国 AI 公司启元世界（inspir.ai）在 2021 年 7 月完成 3 亿元人民币的 A 轮融资。启元世界曾因自主研发的智能体在《星际争霸 II》游戏中打败职业冠军而名声大噪（如图 4-10 所示），而且只用了百分之一的算力。

图 4-10　启元世界的智能体与职业冠军正在进行人机大战

自从 AlphaGo"征服"围棋世界，人与 AI 的对战一直是 AI 爱好者的角逐之地。不仅仅在围棋世界，AI 在游戏领域也大放异彩，传统的游戏 NPC 是既定的程序，玩家与游戏 NPC 打交道通常仅限于提交任务与获取奖励。启元世界将 AI 技术用于游戏中，包括虚拟玩家陪玩、游戏商品自主推荐及自动优化关卡等方面，改善了游戏玩家的体验，是对传统游戏模式与体验的一种突破。

元宇宙赛道——VRChat 类平台

VRChat 曾经是一款很火爆的游戏，玩家可以将自己创建的模型导入游戏，而不是使用系统的创建方案，这使得游戏自由度非常高，更具创造性。这不仅是一款游戏，也是 VR 社交游戏这个赛道上的代表。

《绿洲 VR》

《绿洲 VR》是一款多人在线社交游戏，也是一个基于分布式平台和 NFT 交易系统的 VR 平台。玩家在平台上不仅可以举办虚拟艺术展和专题讨论活动，还可以定制音乐体验、展示艺术品、举办私人聚会，以及交易数字/虚拟内容等。这是可以基于 VR 举办众多与艺术相关的活动的元宇宙平台，艺术家可以将自己的作品存储在云端，并通过 VR 平台出售给全球买家。

《绿洲 VR》被开发者定位为"虚拟世界的下一个社交网络"。游戏开发者先后在 2019 年发布 VR、PC 版游戏，在 2020 年发布海外 iOS/Android 移动版游戏。

上线一年后，《绿洲 VR》里已经有数万个玩家上传的模型、数百个小世界，线上 Discord

社群有超过 10 万名活跃粉丝，VR 端有数万名活跃用户。海外移动版上线后，游戏的月新增用户数超过 100 万，在 15 个国家的应用商店进入社交类榜单前 10 名，在 140 个国家进入社交类榜单前 100 名。

元宇宙赛道有多宽，取决于你我的想象力有多丰富。在"前呼后拥"的众多公司选手眼中，元宇宙是非常珍贵的"稀缺品"。放眼未来，元宇宙赛道将迎来更多的选手。

4.3　机遇——为什么要投资元宇宙

投资是认知的变现，是基于对未来高概率事件的预判，因此，元宇宙的投资价值也在于其与现实世界的真实交集。正如相关题材影视作品《头号玩家》《失控玩家》所揭示的：虚拟数字本无价，价值在于人与人之间的真实交互，以及面对未知世界时挑战另一种可能的勇气。

超越互联网的媒介形态

人类的历史伴随着媒介形态的发展，马歇尔·麦克卢汉曾经提出过一个著名的论断："历史是一部媒介形态发展的历史"。

人类的媒介历史要追溯到几千年前的农耕文明时代，最早有记载的汉字是甲骨文，但甲骨文不是最早的语言符号，更早时候的出土文物中包含大量的图形符号和刻画符号，这是当时人类沟通信息的方式，即非文字形式的媒介形态。

从语言到文字，大规模媒介形态转变的标志是印刷术的出现，从而导致了社会被重新描述和塑造。中国是最早使用雕版印刷术的国家。印刷术作为媒介方式成为人类文明传播的主要手段。

现在，人类进入电子媒介和网络媒介时代。电子媒介让仿真、虚拟化媒介形态逐渐成为主流，网络媒介改变了人类社会的诸多方面，并诞生出阿里巴巴、腾讯、谷歌、Facebook、字节跳动、苹果、亚马逊、华为、美团等软/硬件内容服务巨头。

万物皆是媒介，元宇宙的入口将不再仅仅是互联网，就像移动通信不再是手机的专属，未来任何智能的终端都是进入虚拟世界的入口。元宇宙是未来全新的媒介形式，将颠覆互联网并创造出全新的生态。

新时代的爆炸奇点

很久以来，人们都独立地进行网页浏览，在元宇宙成形的背景下，未来人们将通过持久互联的虚拟形式来体验互联网。

从 PC 时代到移动时代，互联网的广度与深度都有了指数级的跃升。1998 年是中国互联网元年，那一年腾讯与阿里巴巴诞生了，还有更早闻名的搜狐门户网站的建立，随后百度搜索成立，很多互联网企业蜂拥而至。在那 10 年后，中国成为世界第一互联网人口大国，以 BAT 企业为代表的 PC 端进入巅峰时代。2012 年，中国的手机端用户数超越 PC 端用户，移动互联网时代接踵而至。在此期间，中国出现了美团、滴滴、字节跳动等在移动互联网爆发、智能手机大规模使用背景下的企业。以微信为代表的即时通信软件取代了 MSN，以《王者荣耀》为代表的手游取代了页游，以微信公众号、今日头条和抖音为代表的内容社区取代了 BBS 论坛等 PC 时代的应用。

移动互联网时代与 PC 时代的本质区别是"终端"不同。移动端改变了人们的生活方式，其核心特征是随时、随地，核心优势是内容获取。而 PC 端最终可能成为少数人使用的工具，但在内容制作等方面仍然存在需求。

从移动互联网时代到元宇宙时代，是一个时代的延续与新时代的开启，部分早期的元宇宙应用脱胎于移动互联网。元宇宙的背后是 5G、云计算、AI 等技术基础设施，以及 VR/AR、脑机接口等新智能终端设备。未来，元宇宙应用场景与生态体系将更加丰富，还有望诞生出新的应用场景及更多的平台厂商，超越腾讯、Facebook、亚马逊等平台，拥有健全的社区生态的平台将成为元宇宙爆炸的奇点。

下一个"iPhone"将到来

昔日手机行业的"老大哥"——诺基亚在智能手机时代站错阵营，沉沦至今，甚至有很长一段时间停止手机业务。诺基亚当年的中低端产品坚持"换壳"，在高端智能机配置升级上落后大部队，其原因可能是库存太多，也可能是塞班系统实在太臃肿，就算升级硬件也没有明显区别，也许是因为执行"低配高价"策略的原因……诺基亚再"捣腾"10 年也不一定能推出类似 iPhone 的产品。图 4-11 展示了诺基亚塞班系统的手机。

图 4-11　诺基亚塞班系统的手机

我们真正开始了解苹果公司可能要从 2010 年发布的 iPhone 4 开始。iPhone 4 确实具有划时代意义，它采用了全新的触屏设计、交互功能、500 万像素摄像头和视网膜显示屏，具有 FaceTime 视频通话等 100 多项新功能，重新定义了"手机"，在当时引发了巨大的轰动。从 2010 年到 2021 年，iPhone 4 到 iPhone 13 又经历了数代革新。

iPhone 的"横空出世"并不意味着所有的技术与创意都是新的，也并非真正的"黑科技"。恰恰相反，iPhone 能成功正是因为苹果敢于突破固有的观念，把很多本来被认为不合适的做法变得正好合适。比如，假后台的设定在那个时代看来是不合适的做法，然而坚持下来反而成为优势。所以说乔布斯很伟大，没有他就可能不会有今天的智能手机，他的眼光和眼界对 iPhone 的发展起着至关重要的作用。

元宇宙的发展导致对硬件的需求再度被激发。首先是消费级硬件，比如 iPhone 手机、Oculus 眼镜设备。消费级硬件的更新频率高，产品的更替往往伴随着性能提升、电池容量升级、更灵敏的传感器、更高分辨率的屏幕等。比如 iPhone 13 的电池容量比 iPhone 12 增加了 25%，iPhone 12 对 iPhone 11 的重大更新是支持 5G 技术等方面；第一款 Oculus 眼镜的分辨率只有 1080 像素×1200 像素，随后更新的 Oculus Quest 2 的分辨率达到 1832 像素×1920 像素。其次是专业级硬件，相关设备能实现高质量的场景制作。2006 年，谷歌第一次实现 360° 场景的 2D 图像，如今人们可以通过更加便捷、成本更低的扫描仪来绘制 3D 场景。

未来，如何把一台超级计算机携带在身边可能是一个长期的研究方向。元宇宙带来的挑战大部分来自硬件，需要硬件性能的提升与体积、重量的减少。

目前，支持发展元宇宙的硬件基础设施还未成熟，比如高容量、高速度、高稳定性的服务器，VR/AR 等智能、便捷的显示设备等。

人与元宇宙之间也需要连接设备，比如今天的手机、VR 人机交互设备等。iOS 与 Android 系统推动了智能手机的加速普及，未来可能出现的爆款硬件或内容、社交产品也有望加速硬件端需求的释放，并显著超越我们当前的想象。

算力上"云"大时代

从"数据为王"到"算力时代"，"上云需求"不断提升，元宇宙对云计算提出了更高的需求。"云"首先要解决的问题就是算力不足，模拟一个现实世界需要消耗的能量难以想象，也许未来的数据中心还要配置大型发电站。

元宇宙算力的需求结构复杂多样，未来的整个算力架构拥有高度的弹性。比如在沉浸式体验中，需要处理的数据不仅包括用户感觉到的模拟场景，还包括触觉、面部扫描、实时场景等基础数据，涉及物理学甚至生物学相关的多元运用。即使元宇宙的服务器容纳数据的能力足够，但算力的匮乏也会让一切都没有意义，目前人类社会的软/硬件架构还不能实现此类需求。

云电脑的出现将可能改变目前的硬件设备市场，未来终端设备的性能与体验不再取决于硬盘、CPU、GPU 等硬件配置，而取决于算力。一台具备超级算力的云电脑就能满足数万人对计算机的需求。从第一台云电脑"无影"诞生后，基于云计算的各种应用开始井喷式爆发。比如，传统以设备为主的网吧逐渐被淘汰，未来的网吧只需要显示器，传统的主机将彻底消失。硬件设备快速淘汰的背后是高昂的成本。未来，系统、应用、硬件等计算资源、数据存储都将在云端。

云电脑、云游戏已经到了即将突破的关口时刻，尤其是娱乐内容将逐渐实现云端化，游戏与视频娱乐行业更适应"算力上云"，对机房的需求在减少，而且边缘计算技术日趋成熟，这也是降低网络拥堵的重要手段。

游戏产业新一轮红利

网络游戏经历了页游、PC 端游戏、手游及刚崛起的元宇宙游戏几个阶段。据中国音像与数字出版协会游戏工委数据显示：2020 年，中国页游各项数据持续萎靡，游戏开服数据大规模减少，总体营收为 76.08 亿元，相比 2019 年下降幅度超过 20%；PC 端游戏收入总体约560 亿元，相比 2019 年下降接近 10%；移动端手游总体收入 2097 亿元，相比 2019 年同比增加超过 30%。

总体而言，页游、PC 端游戏"江河日下"，颓势几乎难以逆转，手游蒸蒸日上，目前手游用户达 6.5 亿，"野蛮生长"后将触达顶峰。2020 年开始，中国游戏号发放被按下暂停键。这在一定程度上限制了传统游戏的扩张，游戏产业正处于瓶颈关口，元宇宙将带来游戏产业的新一轮红利。

对于不少人来说，游戏的体验远远超越了其他形式的娱乐，游戏产业正在以肉眼可见的速度迅速"蔓延"。如果游戏除了满足人类的精神需求，还能丰富现实世界的物质生活，那么与现实世界有交集的元宇宙游戏必将受到追捧。

元宇宙与现实世界的交集只会越来越深，更沉浸、更丰富多元的需求将释放更多对内容的需求。游戏内容天生的互动及社区氛围有望成为新时代的元宇宙起点。

元宇宙游戏经历了从开放世界模式的启蒙，到沙盒游戏中的探索、体验、沉浸与社交，再到 Roblox 模式的创作展示与分享，最后，元宇宙游戏将以虚拟资产、数字身份为主。

从产品到平台，游戏本身的属性有望发生巨变。游戏产业迎来的不单是需求的释放，更可能是生态、运营及资本市场估值体系的巨变。Roblox 被热捧或许仅仅是开端。

科幻小说之父儒勒·凡尔纳曾说："但凡人能想象之事，必有人能将其实现。" 人类离元宇宙越来越近了，元宇宙终将在每一个普通人身边实现。

4.4　元宇宙投资踩点

目前风起云涌的元宇宙"新世象"让我们看到了元宇宙将大量离散的单点创新聚合形成新物种，有超越想象的潜力，并将长期带来机会。加上科技巨头的入场加码，元宇宙在 2021 年迎来空前爆点，相关话题快速"破圈"，在极高的市场关注度下，其分歧与共识并存。

元宇宙投资的命题

受资本热捧的元宇宙代表了一种趋势：已经成为社会中坚力量的"90 后"和不断崭露头角的 Z 世代，拥抱虚拟沉浸体验的意愿非常强烈。元宇宙创造了一个"真实"的虚拟世界——在区块链技术、AR/VR 技术的探索和应用中，虚、实两个世界的界限越来越模糊，这种沉浸感似乎让年轻人上了瘾，但正是这种不可逆的趋势，让我们不能轻易避重就轻地批判。

▍元宇宙的发展趋势不可逆

从历史上看，在互联网的几次迭代中，数字化最重要的作用是提高全行业的运作效率，比如移动互联网时代出现的滴滴出行、美团，开创市场后便快速占领市场，进入前沿互联网公司的阵列。事实证明，只要是能提高人们的生活、工作效率的方向，其发展就是不可逆的。元宇宙作为一个全息数字化的世界，会极大地提高生活和工作的效率——有的人可能双腿残疾、足不出户，但在虚拟的世界能顷刻间到达地球上 99%的地区。在元宇宙中，时间、空间及身体的界限都被打破了，对于追求"自由价更高"的人类，元宇宙的发展同样不可逆。

同时，作为数字化的基础，算力的不断提升已成定势。人工智能 AlphaGo 成为世界上最好的围棋手之一，而现代人们的工作鲜有需要比围棋还复杂的思维，这就意味着机器还能做更多的事情。算力的不断提升意味着可以为虚拟世界提供大量的信息交换，最终为人们带来效率的提升。比如，要想去白宫或埃菲尔铁塔，在现实世界里需要花费不少时间、精力和金钱，但到了虚拟世界，我们可以快速、高效、小成本地体验"身临其境"的感觉。打破时间、空间、成本壁垒的事物符合当下人们的心理，其发展是不可逆的。

我们在看待元宇宙时，需要保持一个开放的姿态，即不必着急去下定义、拘泥于概念本身，而要追求其内核本质——第一性原理，以及会与我们发生什么样的联系。事实上，元宇宙传达的是一个思想：我们可以打破虚实世界的壁垒，积极地去寻找与元宇宙相结合的现实场景，探索本处于虚拟世界的原生数字资产，并通过区块链技术、云计算技术等，进行虚、实的自由流动与交易。这种元宇宙思想拓宽了大家对区块链原有的定义。

比如游戏、工业互联网，以及分布式计算等端口，一旦能找到比较好的切入口，在流量或者业务层面实现了区块链化，在这些行业中就能迅速成长出巨头型企业，或者是像 Facebook 这样的高市值企业。

元宇宙的切入口跟现如今的互联网生态有很大联系。在互联网中，争夺的主要对象就是用户，并且不再仅仅是单纯的用户数量，更重要的是用户使用时长。在元宇宙中同样如此。

▎元宇宙切入口：争夺用户使用时长

互联网时代，对用户使用时长的争夺战逐渐白热化。用户使用时长反映用户的忠诚度，这是所有平台的隐形资产。

于是，关于用户在元宇宙平台上的使用时长出现了另一个维度——平均使用时长可能会超过 24 小时。如何理解用户在各个平台都可能同时存在？其实这就是一个多重宇宙的叠加，很符合多重宇宙的概念，也是元宇宙的核心概念之一。在这个概念下将诞生出很多原来想象不到的赛道，涌现出以此为发展目标的公司。

那么如何争夺用户使用时长？现如今，微信、抖音、美团、滴滴出行等软件是移动互联网时代的"生存宝典"，占用了用户大部分闲暇时间，或者说这些软件关注的是用户的碎片化时间。

大家对"碎片化"这个词不陌生，我们每天都接触大量碎片化的信息。"碎片化"的优势是使用户可以快速获得信息，传播迅速，但是深度不够。大部分用户的时间是碎片化的，他们普遍在上下班路上、睡觉前这些时段看手机获取信息。

以阅读场景为例，根据艾媒数据中心发布的一份报告显示：利用碎片化时间进行阅读的用户已经超过 50%，占比高达 56.4%；在阅读场景中，睡觉前半小时与地铁公交等通勤途中的占比分别为 43%与 35.2%。可见，人们几乎把超过三分之一的碎片化时间献给了 App，2020 年上半年数字阅读用户阅读场景分布如图 4-12 所示。

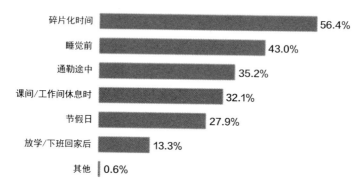

图 4-12　2020 年上半年数字阅读用户阅读场景分布

在元宇宙应用中，是利用碎片化时间，还是长时间停留，在相关策略方面可能需要抉择。能否在短时间内让用户有很好的元宇宙体验？还是让用户付出更多的碎片化时间来体验元宇宙？这些其实也是一些待解决的、紧迫的命题，是投资人要思考的问题。

风口上的泡沫与机遇并存

元宇宙概念诞生之后，更大的意义并不在于它本身带来了什么具象化的呈现，而是它让大家开启了元宇宙与区块链可结合的投资领域的思路。落到具体的层面来说，其实还是遵循区块链的一个原则：方便通过链上数据化的东西，更容易上链；越重的资产，越是难操作的东西，其上链的优先级会越靠后。

基于此，游戏先找到了结合点。大量的网游本来是在线上进行的，也能很好地开展对其通证化的改造，其与区块链的经济模型、治理方式和通证模型结合的难度非常低。无论是游戏的开发者，还是用户，区块链化对他们的改变是最小的。

虽然目前的区块链游戏还处于早期阶段，但是我们会看到传统互联网游戏的规律正在加速实现，原来场景游戏可能要花 5 年、10 年甚至 20 年演化，有了一定的学习效应叠加，要素流动速度大幅提升,现在看到的演化速度是非常快的,可能会在三五年之内就能迅速出现突破。

争夺入场门票

发展速度快意味着,如果哪个项目或公司进入了该行业的风口,占据了一定的行业生态位置,其成长的周期可以缩短,在短期内的成长速度是极高的,其流量入口也是非常大的。尤其是后者,游戏本来就是一个庞大的流量入口,这个入口甚至比金融领域的更大,而且增长趋势也更强。

现在已经有了一些现象级的游戏公司,但是还没有到像金融领域那样已经出现大型交易所的级别。如果未来游戏领域也出现这种平台级或超大流量的机构,那么其估值极有可能超越现在的交易所,这就是游戏板块孕育的巨大机会。

处于风口时,"猪肉的价格"一定会飞涨,估值偏高,市场也会缺乏理性,逐利的本性驱使资本一定要有所"图"。2021 年上半年,国内与元宇宙概念相关的公司基本都拿到了融资,涉及 AI、VR/AR、视觉传感器、SaaS 等赛道,引导了海纳亚洲创投基金、红杉中国、高盛、普华资本等投资公司的竞相进场。这个势头有望在二三年内迎来爆发期。表 4-2 为元宇宙赛道中部分企业的融资情况。

表 4-2 元宇宙赛道中部分企业的融资情况

赛道	公司	融资金额/美元	投资方
AI	超参数	3000 万	五源资本、高榕资本
虚拟偶像	万像文化	数百万	海纳亚洲创投基金
VR/AR	微美全息	8380 万	盛世景投资、大华创投、映趣资本
VR/AR	爱奇艺	数千万	屹唐长厚、清新资本
VR	NOLO	2000 万	蔚来资本、蓝驰创投、愉悦资本
视觉传感器	欢创科技	数千万	普华资本
SaaS	玩美移动	5000 万	高盛

从上述融资情况来分析,元宇宙即将"侵入"人们的生活,尤其是人们的游戏与社交,还有火热的视频领域,引发人们的生活方式和体验的变革。

腾讯在游戏与社交方面是国内的龙头企业，与元宇宙概念相对接近。在腾讯出品的《三观》中，马化腾提出了"全真互联网"的概念，直指元宇宙在互联网的未来。从 2020 年开始，腾讯加速在游戏领域的投资，2019 年游戏投资占比只有 6.56%，到 2020 年游戏投资占比高达 17%，其间花费 3.3 亿美元投资著名的游戏公司 Epic，并参与了 Roblox 公司的 G 轮融资，获利数十倍。在元宇宙元年，腾讯马不停蹄，先后投资了超过 40 家游戏公司。Roblox 公司的融资历程如图 4-13 所示。

图 4-13　Roblox 公司的融资历程

腾讯的加码动作也带动了国内游戏投资的热潮。2021 年 4 月，字节跳动花费近 1 亿元人民币投资游戏公司代码乾坤，同年 8 月，斥资 90 亿元人民币将 VR 公司 Pico 收入囊中。此外，《原神》开发商米哈游与《万国觉醒》开发商莉莉丝也入局元宇宙。游戏厂商的资金注入带来了整个技术产业链的革新，未来游戏引擎、VR/AR 等技术与相关的软、硬件设备将是元宇宙的入场券。

在海外，Facebook 是元宇宙的积极倡导者。2014 年 Facebook 收购 VR 龙头公司 Oculus 之后，又推出了 Facebook Horizon，致力于抢先打造元宇宙社交平台。根据 IDC 预测，VR 产品在 2021 年迎来空前的大爆发，全球范围内的相关支出同比增长高达 46%。

在资本市场中，一级市场的基金经理们也不甘落后。五源资本是众多投资机构中的典型，在社交、游戏、VR/AR、虚拟偶像等领域都曾涉足，几乎在所有关于元宇宙的领域都有过相关投资。

游戏公司的加码，是为了获得入场门票；资本市场的活跃，符合高额回报的逻辑。这些现象都同时指向了元宇宙,也体现出 2021 年或许是投资元宇宙的最佳时期。

高涨的热度与催生的泡沫

2021 年,元宇宙既是开端,也迎来了大面积的爆发。*Roblox* 的与众不同,让市场看到了新的投资点。更加开放的游戏内容让虚拟世界概念深入人心。从短期来看,新的游戏模式将带来超过预期的回报,传统互联网封闭的生态有了被打破的可能性,这是一个长期的投资方向。

元宇宙从概念走向现实应用,吸引了更多游戏公司向其靠近,得益于分布式、去中心化、数字资产、边玩边赚等概念在应用中的普及。

新的游戏内容、体验与模式带来的是游戏行业长久形成的"群雄割据"局面或将被打破,给游戏等娱乐产业创造了新的刺激点,投资机构的"吸金"欲望被激发。

"下一个 *Roblox*"是众多竞争者的目标。元宇宙概念引发了市场的躁动,也带来了"虚火"。在赴美上市之际,Soul 提出"打造年轻人的社交元宇宙"的口号,想借着元宇宙的"东风"让上市之旅更加顺畅,但事实上进军元宇宙并不是如社交软件贴上"元宇宙"标签这样简单的。

在元宇宙概念火爆之前,Soul 主打陌生人社交,通过算法,按照性格与兴趣等特征为用户分配不同的"星球"。从本质上看,Soul 仍然是一款社交软件,缺乏元宇宙"沉浸感、开放性"等核心特点,与元宇宙的契合度偏低。

国内还有一款社交软件——陌陌,在其成立十周年之际,公司法定名称从"Momo Inc."更改为"Hello Group Inc."。陌陌将其愿景更新为"连接人,连接生活",也有元宇宙概念的影子。VR/AR 硬件的不断成熟将改变人机交互方式,包括社交在内的生活方式也将有新的业务逻辑。

除了游戏社交行业,其他行业也开始涉足元宇宙。家电行业代表之一——海尔在 2021 年 8 月宣布打造"海尔衣联网智造元宇宙平台";阿里巴巴集团确认申请了多个与"元宇宙"相关的商标;迪士尼探索如何在迪士尼乐园游乐项目组合中解锁元宇宙技术,未来的游客将在乐园内外体验"元宇宙";LV 推出元宇宙游戏 *Louis:The Game*……

元宇宙的概念让很多产品与公司找到了新的想象空间。众人拾柴火焰高,相关产业将迎来崭新的发展机遇,也为投资带来新的问题:投资人应该怎么布局元宇宙投资?

投资逻辑、思路与观念

深入细看上述资本投资案例，能发现元宇宙领域目前的两大投资类型，一个是平台投资，一个是内容投资。

▎平台投资还是内容投资

先说平台投资，比如游戏平台，看似门槛低，但实际门槛极高。门槛低是指谁都能建立起一个平台，但是在高度同质化的竞争中，平台的搭建者只要能够在某一点上形成一个不可替代的先发优势，就能迅速聚集相应的流量。如果在关键时刻走对了这一步，占据发展先机，使平台拥有较大流量，就能形成洼地效应，比其他平台在成本上更省、在效率上更高。

平台投资，首先要仔细考量团队，其次，目前元宇宙商业模式尚未形成，所以机构型的投资者应该对不同的风格都做布局和押注，但最终走出来的形态会很难预料。

除了平台投资，对内容本身的投资也被众多投资人所青睐。内容投资方不能永远停留在低级阶段，投资元宇宙要有前瞻性的视角，要留意下一代的趋势。互联网游戏是有发展规律的，有很多地方可以在元宇宙的应用中借鉴。对于比互联网维度更高的全维度元宇宙，更需要开放的头脑和超前的思维，才能在他人尚未醒悟时就着手布局，在他人涌入时斩获硕果。比如，当下流行像素风格类的游戏，就需要趁着风口快速押注。这就是利用热度、快速套现的套利行为，需要比较强的能力，才能达到使项目快速变现的目的。

在元宇宙与游戏的结合中，区块链做了诸多改善生产关系的工作。区块链技术是科技史上一个颠覆性的革命，但是它不能脱离应用场景而独立存在，就像一个人无法抓着自己的头发拔高自己一样。区块链在结合游戏场景的应用中也要遵循游戏行业的规律，传统的投资人在投资游戏行业时，能够利用游戏发展的规律做前瞻性的布局去推动业务，甚至通过他们的投资推动其他游戏的升级和迭代，让更高品质的游戏模式诞生。

如果说平台投资对应洼地效应的话，那么内容投资就对应高地效应。如果对内容的投资行动慢，就只能蹭热度，也只能赚到跟风的钱，而赚不到开创性的大钱。建议投资者先给自己做一个关于类型的定位，找准投资赛道的竞争模式，再结合团队的战略方向开始投资行为。

▎先唱戏，再搭台子

平台投资与内容投资的选择还引发了另一个逻辑上的问题：在元宇宙中，平台与内容谁的优先级更高？换一种说法就是：先投谁？

在现实中的社交是人与人之间构成的网络，但在元宇宙中，不仅有用户虚拟数字化身，还有 NPC、机器人，甚至所有的虚拟事物，这些都是元宇宙中的社交对象。

在互联网中，通常先出现平台，然后构建内容。但 *Roblox* 初创时其实是一个内容公司，所以元宇宙更像是"先唱戏，再搭台子"。

站在传统互联网的视角来看，区块链让人匪夷所思，元宇宙更加虚无缥缈。但从 2012 年到现在，屡次遭受沉重打击、饱受诟病的区块链行业一直在变强、变大。"先场景、后交易"的逻辑在元宇宙中被打破——可以先有金融，再有场景。

比如，现在元宇宙场景中出现 NFT 交易，虚拟物品经过拍卖获得更大的增值，这是一种全新逻辑的玩法，也将形成一种新的时尚。

▎赛道选择的思路

元宇宙，之所以被类比描述成宇宙，是因为其拥有自身演化的能力和不受任何平台控制的脉搏。从这个意义上说，元宇宙就是未来世界中最大级别的存在。其场景中虽然有很多虚拟化的元素，但元宇宙肯定不只是一个纯粹的虚拟端，其背后会有大量的技术与实体作为支撑，蕴藏着巨大的机会，随时都可能在未来爆发。

比如区块链，我们不用"神化"区块链在技术方面的作用，其意义是从根本上改变了"云"世界里数据的产权，本质是在组织架构、生产关系维度上做出改变，让这种架构关系与原有的纯粹技术高度结合，并非指区块链技术不用传感器、不需要云计算之意。组织架构和生产关系的区块链变革，将带来新的分布式计算和分布式存储。

具体而言，传统的云计算是由一家企业提供物理空间进行的云计算，而未来依托区块链技术，用分布式的组织结构进行分布式计算，这就摆脱了一家中心化的格局，也就不必存在一个中心化的企业来承载功能及提供服务，从而转换成用共识机制让所有参与者共同运营。

《国富论》第一篇提到："劳动分工提供了那么多的好处，它最初却并不是由于任何人类的智慧，预见并想要得到分工能带来的普遍富裕。它是人性中某种倾向的必然结果，虽然是非常缓慢和逐渐的结果，这是一种互通有无、进行物物交换、彼此交易的倾向，它不考虑什么广泛的功利。"

元宇宙的格局和亚当·斯密的社会分工理论非常接近：人们的协作与共赢，并不是依靠道德多高尚，或受什么强力管制，而是个人或企业从自己的利益出发，为自身的声誉负责，参与到分工服务中，完成高效的协调运作。

未来，在元宇宙世界中，也存在一个共识机制，大家也一样都是追逐私利的，但在每个人行动的过程中，整个体系实现了分工和协作，并记录为不更改的数据。

这一变革意义极其巨大，如果说传统的企业组织形式不比基于区块链的社会大规模协同工作效率更优的话，那么后者极有可能是未来组织形式的演化方向。这种社会组织形态的转变能够释放出巨大的投资机会，比如物联网与元宇宙结合的机会，即所有分布式计算、分布式存储、隐私计算的机会都是我们未来值得关注的方面。

就实际情况而言，目前物联网的硬件设备端——负责收发信号的传感器，在美国的一些项目中已经非常成熟，物联网的软件运营端——分布式存储计算相对是完善的。当然还有 5G 通信基站的搭建，这方面的布控也将是非常快速的。

如果能实现全球同步的传感器小型基站，分布式数据来源不会从传统的中心化组织中输出，那么这个元宇宙将不是哪一家大公司平台所提供的，并且所有类型的市场主体都能获得参与的机会。

传统大企业组织可以利用其规模和行动的优势，建设区块链元宇宙的基础设施，或对自身服务生态进行基于区块链的升级改造。在区块链元宇宙中，设备是通用的，其中包括分布式存储、计算设备。这也是切入这个赛道的可行方式。

对于一些新锐创业公司而言，它们的专长优势是对算法的研究，它们通过技术手段协助传统大公司进行区块链改造。这是一个进入赛道的捷径，有点类似传统领域的系统工程承包商。可以参与通证化改造，通证将成为未来基础设施的一个重要治理手段，比如餐饮行业中的食品溯源、音乐平台中的版权确权、制造业中的标准检验。存证上链是一个更广的范畴，如税务存证、司法存证、房地产存证，其核心是为实物资产做一个链上的桥接。

▎投资的踩点与估值

整理投资逻辑之后，选择理想的赛道，后续要做的核心工作就是入场时机的选择和对目标企业的估值。

入场时机依据整个行业的发展节点而定。确切地说，元宇宙概念没有摆脱 VR、AR 等技术，它是在成熟技术的基础上进行的更大搭建。虽然目前 VR、AR 技术相比前几年有了长足的进步和发展，各种体验已经大幅改善，包括已经缓解了眩晕感、不适感，但是想真正开始大规模的社会应用，像智能手机一样深度嵌入我们的生活，同时满足各种个性化需求，还有不少路要走。

在这种条件下，时机的选择就有着相当大的不确定性。笔者并不鼓励在某概念最热的时候去投资，那样企业市值容易被高估。同时，基于前瞻性的提前配置，抢先一步战略卡位看似没问题，其实在市场快速变动的行业中很容易沦为陪跑者。人们往往会误判形势，陷入身处漫长萌芽发育期的项目中，成功率低得可怜。

我们究竟应该用什么方式去对抗这种对未来预期的不确定性？精准的节奏把控和企业估值是极其困难的，甚至是不可能的。但我们也不用过多担心这个问题，只需要把握好大的方向趋势，好的东西不会消失，只要方向是正确的，就可以在这个领域中笃定坚持。诚然，我们也很难完全排除元宇宙概念是泡沫的可能性，未来会不会泡沫化，这是投资者要面临的问题。

当前，笔者建议大家紧密关注，甄别行业中优秀的团队，在估值上保持一定的弹性。如果以一套投资框架或投资逻辑来穿越周期，就需要以一个周期更长、视角更广的标准来计算估值；如果是以价值投资的角度去面对元宇宙领域，就要立足投资者自己的定位，划好自己的安全边界。这涉及投资者具体的投资风格，也是包括股权投资在内的多个领域的共性问题。

▏趋势投资还是价值投资

和所有新兴行业一样，现在对元宇宙概念的投资风格有两种选择：短期的趋势投资和长期的价值投资。虽然我们在价值理论上更倾向于肯定长期的价值投资，但在现实投资中，很多都是偏被动型的，投资者被动地进行产业配置，短期的趋势投资机构的体量可能还更大一点。

如果商业模式快速成型，实现了稳定盈利的预期目标，那么大量的基金就会涌入行业，因为基金对于产业投资具有扩大规模的功能，它不投资从 0 到 1 的跨越，而是在被投资者实现从 0 到 1 之后，去推动其实现从 1 到 100。

我们从互联网的发展中能看到，一旦商业模式成熟了，就会有大量的资本涌入，快速占领市场，这带有价值趋势投资的色彩。而真正基于价值发现的投资理念，做产业前瞻性布局，是 VC（风险资本）该做的并热衷做的事。

从产业发展的角度来讲，VC 的角色是必不可少的。VC 对创新的包容度是最高的，"牺牲"概率又是最大的，其贡献不容小觑。

对于未来世界，对于新的概念，我们永远要保持一种冷静甚至谦卑的心态。

热衷追逐新概念是一种积极探索、不断进取的精神，但大部分人是健忘的，比如 NFT、区块链游戏，这些概念在 2016 年前后就产生了，如今再次成为热点。

这种格局有点类似房地产市场中的区域轮动现象，看似走马观花，实则是一种循环，但积极地说，又不是纯粹机械不变的往复再现，而是此起彼伏相互递进的螺旋上升。

▌投资理念的升华

当一个概念或产业有外部资源大量注入时，就如 20 世纪 80 年代第一波城市改革，几乎"举国之力"都投入深圳这座城市（这个举动是市场自发的，政府并未拨款，而是给予政策许可），就带动了一个城市经济的起飞，让生产力实现跨越式发展。这可以用发展经济学的观点来解释：当资本进入一个行业，不会无的放矢，也不会全部消失，它总会沉淀一些技术、人力、经验、想法和流量，也包括用户教育等。

从历史来看，行业发展总是呈现出周期性，有周期性的繁荣，也有周期性的衰退，这一情况与群体人性的特点有关。区块链也是如此。区块链没有改变人性，只是重新调整了社会经济组织形态，但人性会有贪婪和恐惧。人们贪婪的时候就会囤货，囤货就意味着放大了需求、压缩了供给，然后越囤越涨，推动经济过热，直到人们把钱都投进去了，购买力消耗完了，价格也就到了最高点，接着又进入降跌、退潮的周期，而到了人们恐惧的时候，又是一个类似反向的市场出清过程。

追涨杀跌也是人性的使然，这是包括元宇宙在内的所有新兴行业的投资窄门，因此，对专业从业者来说，还是要坚定自己的方向，练好基本功，冷静看待行业的整个局面。

在行业的低谷期，我们最需要做的事情就是快速完成行业并购和整合。只要行业不会消失，待再次兴起的时候，坚持留下来的就能够获得先发优势，获得更多的流量，就有希望成为新一代的巨无霸。要有这样的信心，这需要在做这件事情的时候有信仰。信仰并不源于盲目，而源于专业及对未来的判断。

如果未来元宇宙概念并未兴起，或是在相当长的时间内都处于沉寂状态，那就证明，自己的大方向判断是真的错了，要承认自己的根本认知不够。人不能保证自己永远不会犯错，犯错了自然会有一些损失，而这些损失从更长远的投资道路上看可能反而是收获，要有这样的心态去提升认知。毕竟，从某种层面上说，犯错是正常的。但投资者和从业者必须承担使命，必须一路探索和开拓，直到结出硕果。

4.5　元宇宙时代：从技术创新、区块链加持到投资落地

从 2005 年到 2020 年，"Metaverse"的谷歌搜索指数一直保持在个位数，到了 2021 年 4 月，这个关键词的谷歌搜索指数直线飙升到最高点位——100 点，相比过去十余年的沉寂，用"一夜爆红"来形容元宇宙也不为过。

所有众人追捧的繁荣，在历经投资"显微镜"的审视后，总能"现出原形"。所以，在要付真金白银的那一刻，需要瞬间恢复清醒。

从投资者的视角来看，元宇宙概念不是"新生儿"——自 1992 年诞生以来，每隔十年都规律地"燃"一把，但这仅仅是概念上的热捧，随后投资界发现其商业应用乏善可陈，这些热潮便随之偃旗息鼓。

元宇宙是新技术的集成创新

回顾近二十多年相关领域的概念发展史，我们经历了 2000 年的互联网泡沫、2010 年的移动互联网大爆发，见证了 VR/AR、大数据、物联网、脑机接口等技术快速的发展。

在数字经济浪潮下，中国国际经济交流中心副理事长黄奇帆在谈及"万亿级投资打造'数字智能生命体'"话题时指出了这些技术的内在关联：

更为重要的是，大数据、云计算、人工智能、区块链跟网络（互联网、移动互联网、物联网）五位一体将形成数字化平台的有机体系，共同生成在 5G 基础上，成为一个类似于人的智能生命体。如果将这种数字化平台用人来类比：互联网、移动互联网以及物联网就像人类的神经系统，大数据就像人体内的五脏六腑、皮肤以及器官，云计算相当于人体的脊梁。没有网络，五脏六腑与和脊梁就无法相互协同；没有云计算，五脏六腑无法挂架；而没有大数据，云计算就

是行尸走肉、空心骷髅。有了神经系统、脊梁、五脏六腑、皮肤和器官之后，加上相当于灵魂的人工智能——人的大脑和神经末梢系统，基础的"大智移云"平台就已经成型了。而区块链技术，就像人类不可篡改的分布式基因，经过更先进的"基因改造技术"，从基础层面大幅度地提升大脑反应速度、骨骼健壮程度、四肢操控灵活性。互联网数字化平台在区块链技术的帮助下，基础功能和应用将得到颠覆性改造，从而对经济社会产生更强大的推动力。

元宇宙正是数字化进程中最重要的生态之一，是唯一一个把 ABCD 技术[1]"收入囊中"并使它们相互协同的概念。这个概念把过去一二十年科技界的热点都串在一起，不仅需要大数据、区块链、VR/AR、人工智能等技术，还串联起 5G、物联网等新兴热点领域。可以说，元宇宙打通了现实世界和虚拟世界的"任督二脉"，把这些热点全部联系起来了。

▎电力革命：电源管理、制造硬件、生产组织模式、产业关联的集成创新

一种技术的演化形成的历史可以被记录下来，一个时代是何年何月开始的却很难有定论。元宇宙的起始点是什么时候？很多人都说 2021 年是元宇宙的元年，事实上，元宇宙概念的发展是一个演化的过程，我们可以从历代科技革命的历史中寻找演化的路径。

每一项改变人类历史进程的技术都不是一蹴而就的，其本质上都是大量技术变革的集成创新。人类走上科技快车道的起点是电的发明及电力的广泛应用，这其中就包含了两次独立的浪潮：技术革命与工业化。

从电的发现到电的广泛应用经过了一百多年。1752 年，据传富兰克林通过风筝实验证明了"电"的存在，随后发明了避雷针（中国古代对电的认知要追溯到更早时期，但没有相关发明流传[2]）。电的大规模应用是在 1879 年爱迪生发明白炽灯泡"照亮"全世界之后。

电力革命的第一次浪潮并非始于白炽灯泡的发明和应用。事实上，电力革命的浪潮是在白炽灯泡发明和应用之后，以第一座发电站建立为起点。19 世纪 80 年代，法国建成世界上第一座水电站之后，电与人类的科技发展进程便紧密相连。

虽然那时候白炽灯泡的商业化已经有一两年，但电力在工业上的普及速度却很缓慢。在第

---

1 人工智能、区块链、云计算、大数据通常被称为 ABCD 技术。

2 早在 3000 多年前的殷商时期，甲骨文中就有了"雷"及"电"的象形字。西周初期，在青铜器上就已经出现加雨字偏旁的"雷"字。王充在《论衡·雷虚篇》中写道："云雨至则雷电击"，明确地提出云与雷电之间的关系。

一座发电站建设后的 30 年时间里，美国工业电力普及非常缓慢，到 1910 年，只有不到 10%
的机械驱动力来自电力。随后十年间，第一次电子浪潮来临，电力需求占比快速增加至 50%，
份额增大 5 倍。第二次电力浪潮在 1930 年左右，那时候的电力普及率已经接近 80%。

前两次浪潮的区别在于电力的普及程度，其实也反映出电力应用中的各种问题。当工厂第
一次使用电力时，通常用于照明和替代内部能源，这些工厂并没有考虑过换掉旧的蒸汽基
础设施。当越来越多的工厂尝试使用电线代替齿轮传动后，巨大的效率提升让商人们尝到
甜头，之后，行业便发生了巨大的变革，电力开始迅速在工厂普及开来。

电力革命带来了巨大的利益，工厂可以围绕生产流程的逻辑配置生产区域，从而去除沉重
的设备，部分工厂开始定期重新配置工作区，再次扩大生产规模，进一步提高生产效率。

当少数工厂通过技术转型提升生产力后，整个市场也迎头赶上，以电力为基础的设施、设
备和工艺从而带来了更多的投资和创新。电力革命不是某位科学家能够推动的，也不是由
越来越多的发电站所推动的，电力革命的浪潮反映了大量相互关联的产业和技术，包括电
源管理、制造硬件、生产理论新技术、新模块的集成创新。正是这些集成创新把整个美国
带入 "咆哮的 20 年代"。这段时期也是动荡和变革的时期之一，世界各地的人们赋予其不
同的称呼：法国称其为 "疯狂年代"，德国称其为 "黄金 20 年代"，当时的劳动生产效率实
现了百年来最大的增幅。

▎移动互联网：通信网络、硬件设备、应用程序的集成创新

移动互联网是开始于第一部手机的出现吗？还是第一个数字无线网络 2G 的商业部署？或
者是无线应用协议标准（WAP）及浏览器的引入？1973 年 4 月 3 日，第一台手机——摩托
罗拉 DynaTAC 8000X 诞生，首席工程师马丁·库帕（Martin Cooper）也因此被称为 "现代
手机之父"。还有一种说法是手机的历史始于黑莓 85x 系列，更有说法认为 iPhone 是手机
历史的起点，虽然它比曾经流行过的 "大哥大" 晚了二十多年。"iPhone 重新定义了手机"
这个说法得到了广泛的认同，因为 iPhone 带来了移动互联网时代的许多产品设计原则、经
济学原理和商业实践。

回首昔日，我们再用这个视角来看待移动互联网的发展历程，iPhone 是不可否认的 "时代"
产品。麻雀虽小但五脏俱全，iPhone 将我们现在认为的手机应该有的功能部件整合成一个
小而全的产品。当然，移动互联网的产生及发展也并非一部手机能够造就。

第一代 iPhone 平淡无奇，并没有引发大众的广泛关注，第二代 3G iPhone 的销量超过第一

代 4 倍，那是第一部使用 3G 网络的手机。但无论是 3G 还是 App Store，都不是 iPhone 独有的创新或发明。iPhone 需要通过 Infineon 生产的基带接入 3G 网络，而 App Store 里面的应用建立在各种各样的标准之上，从 KDE 到 Java、HTML 和 Unity 等。App Store 的支付运转由各大银行建立的数字支付系统和通道完成。iPhone 还依赖于无数其他技术，其本身就是"海纳百川"的代表，也是移动互联网时代的推手之一。

▍元宇宙：VR、数字孪生、传感器、人机接口、区块链、大数据、云计算、AI 的集成创新

如果按照这种技术集成的逻辑来审视元宇宙，有人说它是虚拟现实（VR），有人说它是社交游戏……这就像说移动互联网就是 iPhone，但 iPhone 不是移动互联网，它只是硬件和应用程序平台。也有人认为元宇宙是一个虚拟 UGC 平台，这就像说互联网是亚马逊、Facebook、腾讯或者谷歌。我们都知道它们只是互联网的典型代表，并不等于互联网。所以元宇宙并不是游戏或虚拟社交空间，元宇宙不是 *Roblox*，也不是《我的世界》。

元宇宙是被发现的新大陆，在这之前各行业人士都零散地工作，大家都在各自的领域发展，但都发展到了瓶颈期。元宇宙到来之后，大家发现可以共同建造、改造这个新大陆，所以元宇宙在极短的时间内获得了大家的共识。

元宇宙涉及的细分领域非常广泛，VR/AR 只是目前非常原始的起点。元宇宙运行的各个环节都需要巨大的投入和创新，大数据、AI、区块链、VR/AR、云计算、传感器等都不可或缺，未来可能还需要量子计算的算力来支持，需要软、硬件协同发展。元宇宙给大家创造了一个丰富的想象空间，各行业又有了新的激情。元宇宙值得每个投资人持续关注和投入。

区块链的加持，让元宇宙逐步清晰

元宇宙的概念早于区块链诞生，但有区块链的元宇宙才能被称为真正的元宇宙，因为区块链在其中发挥核心作用。自从元宇宙概念诞生后，不断有人提起元宇宙，但彼时的元宇宙还是像《头号玩家》电影中所呈现的，整体更像一款游戏，像电影情节一样，游戏开发者一旦别有居心，那么游戏就会被利用来控制人类精神并作恶。

在区块链融入之前，元宇宙只能是游戏。在区块链融入之后，加入金融治理、自治组织、分布式商业等概念，元宇宙就成了一个真正的虚拟社会。比如，游戏代码本身不值钱，但在区块链的加持下就有了价值，虚拟的一行代码可能是一套 NFT 桌椅，也可能是 NFT 游戏道具，甚至是货币映射在元宇宙里。

元宇宙几乎具有现实世界的所有要素，除了衣食住行需要的躯壳，其他要素都能完美实现，有金融系统，有治理系统，还有各种娱乐系统，这些都需要区块链来支撑。

元宇宙是数字时代下人类社会的映射。何谓映射？假如马斯克的火星计划开展得顺利，人类成功移居火星，人类社会也将会在火星上进行映射。届时，新的规则将不会由某个国家来决定，有可能由马斯克来制定。在新的管理系统、新的金融秩序下，火星上财产的衡量标准未必跟在地球上一样。不同于目前世界中的货币系统，在火星社会的早期，可能用一些稀缺资源来取代货币，比如水、粮食等。

元宇宙的基础设施分为分布式计算和分布式存储。元宇宙的真正实现必须具备去中心化的存储与计算。无论哪一方面，如果仍然需要中心化组织来实现，那么很有可能是打着"元宇宙"旗号的"玩具"项目。

▌元宇宙的基础设施之一：分布式计算

在元宇宙的世界里，"代码即法律"。只有数字资产不受到侵害，其所有权的安全得到保证，才能真正实现元宇宙。要保证这一点，分布式计算不可或缺。分布式计算的原理是将算力难题分散、碎片化，通过大量的计算机分散处理，最后得到一个综合结果。以此节约计算时间，提高计算效率。

分布式计算网络的构想从互联网诞生之初就有不少人提出，比如 GIMPS（搜索梅森素数的分布式网络计算）就用分布式计算来寻找素数（素数一般指质数）。

发展到现在，有关分布式计算的项目已经开始利用大量的闲置算力来完成惊人的计算量，分布式计算也成了一门利用闲置 CPU 来承接算力需求的计算科学。

谈起分布式计算，自然绕不开云计算。云计算是指大规模分布式并行计算（这最初被称为网络计算）。云计算提高了企业算力的服务质量、利用率和效率，并降低了复杂度，但它也有致命的缺点，即它的安全问题很难得到保证。随着信息化与经济社会的深度融合，个人信息泄露事件层出不穷。很多知名 IT 企业都曾发生过信息泄露事件，安全问题的警钟一再被敲响。

▌元宇宙的基础设施之二：分布式存储

目前分布式存储项目的规模越来越大，已经进入良性循环的发展阶段。经济学有个著名理论：不要把鸡蛋放在同一个篮子里。现如今，阿里云、腾讯云、亚马逊云等当下流行的云存储供应商都是基于中心化服务器的，一旦发生意外情况，服务器将会失控，后果难以预料。

中国 IT 界曾发生过非常严重的"删库跑路"事件。2020 年 2 月 25 日，微盟发文称系统数据库遭到运维人员的破坏，仅仅几行代码让微盟公司损失超过 10 亿元，虽然数据库在几天后修复成功，但对于数以百万计的用户而言，数据不安全的危机并没有消除。

服务器遭到攻击的案例时有发生。2021 年 7 月，中国发生了"崩坏 4"事件。7 月 13 日深夜，"B 站崩了"迅速占领网络热搜榜。无独有偶，同样是在 13 日 23 时左右，A 站（AcFun）也出现用户无法登录的情况，另外，有网友反映豆瓣也在当时不能正常使用，随后网上出现大量"晋江崩了"的说法，如图 4-14 所示。

图 4-14　"崩坏 4"事件

无论是什么原因，由服务器故障引发的网络问题再一次暴露在人们的视野当中。对于中心化服务器，断电、灰尘、温度失调、设备老偶，甚至天灾人祸等原因都会造成影响。应用区块链技术的分布式存储这一设想能够在一定程度上解决当前互联网数据面临的安全问题。

类似于星际文件系统（IPFS）的分布式存储是对云存储的一种革命性升级，它的分布式存储构建了一张覆盖全球的网络，在这张巨网中建立了无数点对点的节点，大幅度提升了数据的安全性，同时提升了数据的存储量及读取速度。

分布式存储的概念出处无从考证，有一种说法是由谷歌提出来的。大规模、高并发一直是 Web 访问的难题，谷歌提出用分散的服务器分散客户端的请求，通过分布式存储架构增加承载能力，谷歌分布式存储（HDFS）示意图如图 4-15 所示。

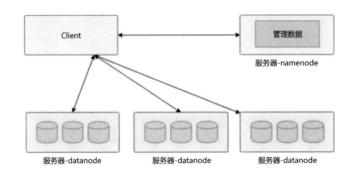

图 4-15　谷歌分布式存储（HDFS）示意图

分布式存储早在 20 年前便开始应用，当时广为人知的 BT（BitTorrent）是最早使用 P2P 点对点网络实现大文件的高效分发、共享的应用之一。BT 用户将资源下载到计算机硬盘（本地存储），并与其他用户共享"种子"（以.torrent 为扩展名的文件，相当于 HTTP 下载里的 URL 链接）。BT"种子"分散在不同的计算机与服务器中，不同的片段来源于分布的"种子"服务器。BT"种子"大规模使用带来的结果是下载效率与速度的大幅度提升。

IPFS 协议是分布式存储结合区块链概念的创新应用，在 2015 年诞生之初就成为分布式存储领域的明星，现已经成为基于区块链的分布式存储解决方案的基础。IPFS 和 HTTP 都是超文本传输协议，它们最根本的区别在于：前者是去中心化协议，在众多节点上工作；后者是中心化协议，在少量中心化服务器上工作。

在 IPFS 分布式存储网络中，文件将被划分成拥有单独散列的"块"，不同于 HTTP 基于地址寻找内容，检索者通过"块"的散列找到文件（通过内容寻找地址）。虽然 BT 和 IPFS 协议都不够完美，并且面临着许多挑战，但这些改良的方法启发着更多的开发者，改善了数据存储的现状与困境。

分布式云解决方案是一次很好的尝试，目前运用也较为广泛。它的显著特点是加密，网络中的文件自动生成密钥，只能通过密钥解析文件并读取内容。

分片是数据库设计领域常用的一个概念，被广泛运用于分布式云解决方案、BT 与 IPFS 系统中。通俗地讲，这是将鸡蛋放在不同篮子里，用以防范"满盘皆输"的风控方式。在分布式云存储中，单个文件将被分成诸多片段，被存储在不同的服务器或者节点中，即使单个服务器或者节点出现故障或被人为破坏，也不会影响到文件的整体安全，可以在其他节点上找到相同的片段并进行还原。

比如阿里的蚂蚁链，就基于区块链分布式云服务解决方案，利用零知识证明、密码学等技术助力身份标识脱敏，避免敏感数据被盗用，通过加密身份信息，使得数据可用但不可见。身份等信息在基于区块链的分布式系统上永久留存，由身份所有者管理和授权，身份使用方在被授权的情况下可以使用相关信息，但无法将其用于其他用途。

与 Dropbox、Microsoft OneDrive、Box、Amazon Cloud Drive 或 Google Drive 等传统云存储平台相比，基于区块链的分布式云存储方案的优势更加显著。

分布式云存储让数据传输与存储的安全性明显提高，文件被分割存储能杜绝单点故障，密钥也大幅度提升了文件的安全性。在分布式云存储网络中的文件散列限制了其他人对文件的修改与盗取，同时，分布式的概念通过利用闲置资源也能降低存储成本，而且基于区块链的激励机制，存储与分享空间的行为将被奖励，这样能实现多方共赢。

现在正处于信息爆炸的时代，这是数据呈指数级增长带来的结果。硬盘扩容、I/O 速度提升是必然的导向，随着数据种类的丰富，需求的增加，各种半结构化、非结构化的数据将促使分布式文件系统被更加深入地使用。

分布式计算与存储是元宇宙的基础设施。元宇宙是数字化的，建立在计算与存储技术之上，基础设施的完善程度决定着未来元宇宙的发展进程，也将基于此开辟出一条数字化道路。

元宇宙的应用与投资

在技术的集成创新及区块链的加持之下，元宇宙获得了广阔的应用空间，也带来了空前巨大的投资机会。

数字原生：元宇宙革命的真实内涵

元宇宙是一场革命，是革命就要彻底。元宇宙最重要的内涵是数字原生，代表着现实世界事物拥有的属性并不会被代入元宇宙中，数字原生才是真正的元宇宙。这就意味着在现实世界中拥有庞大粉丝群与经济价值的 IP 在元宇宙里将不复荣光。

元宇宙的原生社交平台和群体组织能够创造新型的艺术形式。比如，在 CryptoPunks[1] 上面大家都在进行数字营销，创造元宇宙原生的数字作品，而现实中的艺术家如果不转型，想将原有作品的副本上链，就很难获得价值认同。在现实世界中获得成功不一定代表在元宇宙中可以同样获得认可。

事实上，少部分人的喜好决定着艺术品的潮流。想要在新世界获得成功，就有必要符合元宇宙里玩家的口味、Crypto 圈玩家的喜好。

元宇宙的应用及典型投资标的

在本书编写时，NFT 大爆发，比如头像类 NFT、加密艺术品等都处于爆发性增长阶段。在此之前，更好的决策是投资基础设施。基础设施远远没有成熟，还有巨大的上升空间。

目前，投资机构投的未必是"元宇宙"，更多的是市场的热点。如果比市场早一步预测出热点，那将获得巨大的回报。从另外的角度来讲，现在的投资处于"尝鲜"阶段。元宇宙尚未进入成熟阶段，基础设施也不够成熟，同时存在缺少内容端、缺乏超大型的分布式存储网络和超大型的分布式计算网络的问题。

当前发展得过于火热，意味着未来会有一段时间的冷静期。未来我们每个人都可能拥有一个 NFT 头像，但薄弱的基础设施无法应对复杂的玩法，反而让人失去兴致。目前元宇宙的真实体验远远不如《头号玩家》给观众带来的感觉，元宇宙还处于一个从 0 到 1 的阶段，而基础设施的发展期就是整个行业的冷静期。

目前的内容端投资主要集中在加密艺术方面，涵盖社交和 NFT 平台，尤其是社交平台把一些艺术家资源串联起来之后，能够不断产生优秀的数字作品。

上层应用：作品呈现

目前的元宇宙还处于基础阶段，作品呈现说粗糙也不为过。比如现在流行的像素风，如果抛开稀缺性和价值因素来看，就显得很普通。

这是属于艺术家的机会，艺术家是元宇宙的能工巧匠。在元宇宙世界里，任何一面墙或一

---

1 CryptoPunks 是一个数字艺术或收藏品的 NFT 项目。该项目是由 10000 个数字图像组成的集合，这些图像可根据基类型，比如异形、猿人、僵尸，以及头饰、胡须、连帽衫等构成不同程度的稀有性属性。

块砖都不一样，都是稀缺的，具有独一无二的价值，程序员无法做到，需要艺术家们来创造。

一些汇聚艺术家的 NFT 平台，比如 CryptoArt.Ai、BlockCreateArt 等，集 NFT 生成、销售、拍卖、收藏、转让为一体，目前拥有上千名元宇宙艺术家。大到一栋房子的设计，小到一支笔的创造，艺术家创造的元宇宙元素都可以在这里采购，这些平台是元宇宙的港湾。

▌中间层应用：数据交易

The Graph 是较典型的中间层应用项目，这是一个以太坊中间件项目，可以将链上数据用图形化的方式展现出来，用于查询以太坊和星级文件系统等网络数据的索引，让开发者可以高效地访问区块链数据。

区块链的链上数据很复杂，普通人很难清晰地整理其规律。比如 OpenSea 上有大量的 NFT、元宇宙土地交易数据，当面对一堆数据时，大部分人都会一头雾水，The Graph 可以将相应的数据用图形展示出来，让数据可视化。

▌底层应用：硬件设施

Pekka 用闲置算力构建元宇宙存储计算网络，提倡利用个人闲置硬件资源搭建元宇宙网站，其原创的诚实性共识算法及其衍生技术有效解决了分布式计算中的信任问题，调度算法是其核心竞争力，它让大规模的闲散算力整合成为可能。家里闲置的计算机，学校闲置的机房，政府或机构闲置的服务器中心，Pekka 将这些资源整合起来，提供算力租赁服务。

▌元宇宙世界真正到来的标志：多层应用的组合效应

数字支付巨头 VISA 斥资 15 万美元购买了一件名为 "CryptoPunk 7610" 的像素化艺术品，悄无声息地在进军元宇宙的道路上迈出了第一步。而在 60 年前，当 VISA 成立时，一个超越现金和支票的未来世界是不可想象的，用电子方式转移资金更像是一种信仰的飞跃。类似这样的变革正在频繁地发生着，我们可能已经觉得这是理所当然的事情。

现如今，元宇宙里一块地皮的价值大约为一两百个以太坊，与现实的地价相差甚远。数年后，元宇宙里的房子价格可能跟现实的房价齐平，当你在元宇宙里拥有一套别墅的时候，就等于你在上海或者洛杉矶拥有一套别墅。这不仅仅是映射的关系，也是价值对等或者超越的关系。

早期的网络游戏是从纯文字游戏开始的，游戏里的交互、信息的传递都是通过文字一行一行表述出来的。文曲星学习机上的游戏也都是文字的，没有图片和视频，更不用说 3D 动画了，但大家都玩得很开心。文字类游戏成为网络游戏的基础。当时大家都在想，未来的游戏里肯定会有精美的画面。

元宇宙未来呈现的方式可能是 3D 的，通过 VR/AR 来呈现。但现在还处于盘古开天辟地、女娲造人的阶段，等到艺术品足够繁盛、素材足够丰富的时候，必然有人将所有层次的应用组合起来。元宇宙世界将更加精致、细腻，逐渐实现从量变到质变的积累。

▍普通大众如何参与元宇宙

普通人参与元宇宙未必要以投资者的身份进入，在目前参与元宇宙的人群中，有一部分是加密世界的原住民，比如游戏玩家，为了满足精神需求可以接受花钱买装备，即使装备会随着游戏版本更新或者倒闭而消失。所以，普通人可以以玩家的身份进入元宇宙，以玩游戏的心态来参与。

NFT 作品流动性较差，不建议普通大众参与。NFT 艺术品项目价值取决于共识，但目前资本炒作的风险较高。想要进行 NFT 投资，首先要选择喜爱、符合自身的审美观念、能够欣赏的加密艺术作品，其次要远离炒作过度（流转次数频繁）的作品，尽可能避免"击鼓传花"。正如现实中的艺术品一样，真正能留下的 NFT 作品一定会给社会文化、行业、艺术史带来深远的影响。

元宇宙虽然谈不上完美，但部分愿景正在实现。

4.6　元宇宙的产业投资方向

元宇宙是一个大的应用场景实现，实现这个场景需要更多的技术和更深层次的内容，多元化的互联网应用及创新的商业模式相互融合、配合，才能够勉强称得上是一个元宇宙项目或生态。

投资元宇宙，要落实到对产业方向的投资。同样是元宇宙领域，应当根据其具体的产业发展格局与步骤来安排投资方向。提高对产业分布的认知清晰度是产业投资的第一课。

元宇宙整体推进互联网产业

纵观互联网产业或移动通信产业的发展，从来都不是依靠任何单一力量或是单一行业的驱使就能完成的，例如英伟达的发展必须有游戏内容产业与之相辅相成，iPhone 依托于 3G/4G 的普及和丰满的应用内容，这些改变或是进步都依托于不同的发明和创新。

我们不必在当下清晰定义所谓的"元宇宙"，因为元宇宙概念也才在起步阶段。科技的演进，文明的进展都跟人性息息相关，这样一个概念和规模都非常大的生态场景较难预测。

元宇宙生态也不是无迹可寻的，毕竟它依托于移动互联网，因此从移动互联网的发展轨迹中，我们可以找出创新行业的规律，再分析、寻找投资的机会。

元宇宙概念第一股——*Roblox* 描述的元宇宙有 8 个特征：身份、朋友、沉浸感、低延迟、多样性、随地、经济和文明。为了满足这些特征，我们可以大致明确 4 个产业投资方向：第一个是技术基础设施，包含硬件、AI、无线通信服务及互联网技术；第二个是内容与应用服务；第三个是运营服务、协议工具等；第四个是商业模式创新。

底层：技术基础设施

第一个产业投资方向是位于底层的技术基础设施，包括芯片、AR/VR、动作捕捉和脑机接口等沉浸式的辅助设备、5G 无线通信服务、云计算的算力支持，以及大规模用户在线支持等。这些底层基础设施通过 AI 算法驱动数字虚拟场景的应用及进一步升级，通过互联网技术（包含区块链底层）支撑新的商业经济模式进行运转。同时，在数据的存储上，分布式存储服务能够满足整个产业巨大的存储需求。

这个投资方向很广，可以支持现象级元宇宙体验的工业级和消费级电子产品，可以支持虚拟平台的专用芯片、生物辨识芯片、人机交互硬件、全息交互场景等。承载巨大数据流需要低延迟、高通量的通信服务，因此，5G/6G 核心及周边配套技术项目、物联网相关的通信协议演进及设备也都是值得关注的领域。

从 2G 到 5G，我们看到了各种应用的蓬勃发展，如果有更加先进的移动通信服务，就可以支持更多、更大的应用体验，那就会激发出今天想象不到的应用场景，例如 MirrorWorlds 类型的应用，如图 4-16 所示。

图 4-16　MirrorWorlds 类型的应用

再来看算力支持。算力的需求越来越大，不管是在云端还是在边缘端。在可以想象的元宇宙概念场景里，实时运算、渲染、数据整合预测、人工智能算法等都会推进软件创新的发展。

例如，美剧 *West World*（如图 4-17 所示）里面的交互场景，每一个沿着不同故事线的实时交流，都需要极大的算力支持。

图 4-17　*West World* 剧照

算力的需求是无止境的，与应用的广度和深度是相对应的，对这方面的投资也在很大程度上取决于应用市场的成熟度。但不可否认，硬科技是支撑元宇宙产业的基础，关注这方面的硬科技进展是追踪元宇宙市场成熟与否的一个很关键的指标。

在这个产业技术基础设施完备的前提下，元宇宙生态、商业模式才能更加丰满与完备。

终端：内容与应用

第二个产业投资方向是位于终端的内容与应用服务，这是中国人的强项，包括游戏、社交、消费电商、资产交易、音视频创作、数字/虚拟身份、隐私保护、金融服务和泛娱乐场景应用等。相关的案例有 Facebook 的虚拟人物社交、腾讯的沉浸式游戏产业、直播平台通过虚拟偶像与用户互动去带动交流体验及开发消费场景，等等。

当前，元宇宙项目初期都是从游戏场景切入的，其中固然可以有浅层的元宇宙体验，但那也只是元宇宙里的游戏，并不是完整的元宇宙体验。在内容与应用方面，需要更加基础的技术支持及内容创新。

真正能够全面体验内容的应该是一种全虚拟体验的互联网平台，在平台中人们可以体验日常生活的衣食住行，包含游戏、娱乐、学习、社交、电商，以及数字经济金融服务场景。这样的平台需要大规模的，甚至分布式的、自发性的内容创建，并且需要无数的第三方应用服务支持，借由用户的自主创造而经营、成长出平台的未来。

每个个体用户能够在这个虚拟平台产生价值，基于虚拟数字经济模型的运转，能将自身的贡献转化成收入，并且在虚拟世界里消费、生产。

全虚拟体验互联网平台的发展需要时间。还有一个模式，就是从线下慢慢迁移到线上，例如漫威全线下的 Cosplay（角色扮演）场景结合线上虚拟体验的 Quasi 虚拟体验园，如图 4-18 所示。

图 4-18　漫威全线下的 Cosplay 场景

运营端：运营服务与协议工具

第三个产业投资方向是运营服务与协议工具，比如通过提供各种数据分析服务、互操作协议和各种工具引擎去优化元宇宙体验的中小企业，提供分布式存储和算力、安全保护等服务的供应商。

对于这方面的认识，可以从互联网的发展历史来理解。比如 TCP/IP、5G 协议，都是由全球性的企业、联盟商议标准、敲定协议并完成互操作的。互操作的实现让流量的聚合成为可能，未来元宇宙必须能够跨平台、互操作，只有这样体验才能更丰满。如同现在互联网行业里的各种第三方服务商，为了优化 B 端及 C 端的体验提供各种服务。在未来，会有各式工具、引擎让用户一键上线，进入元宇宙。

元宇宙的发展历程不会重走互联网封闭式的发展道路——垄断式的行业巨头，反而一开始就会有开源、开放的各式工具来满足跨平台的数据流整合需求。如果所有的游戏开发引擎能够支持跨平台，所有的电影、电视渲染工具能够与游戏里的引擎相兼容，所有的用户账号、原始数据、交易记录、经济体系都能相通，那么一个充满想象空间的应用场景就会跃然纸上。当然，这些协议工具的商业价值体现有赖于创新的数字经济模式，机构或开发者/用户的投资会有相应的经济回报。

现在，巨头已经开始整合共通协议的计划，例如前文中提到的英伟达的 Omniverse 平台可以兼容迪士尼 Pixart 的开源数据平台 Universal Scene Description（USD），Epic 游戏公司的 Epic Online Services（EOS）可以兼容微软的 Playfab 及 Amazon 的 Gameloft。这些都说明在这个方向上有很多机会。

产业迭代：商业模式创新

第四个产业投资方向是基于一定的技术基础及内容开发的商业模式创新。在这里，时间的唯一性和稀缺性将无限延伸。一个人同时可以有很多并存的数字身份，并且透过 AI 可以实现不实时在线的虚拟身份，这意味着 7 × 24 小时的体验交流，也意味着生命时间的延展，而每一个额外时间的延展都能够创造额外的价值。同时，个人数字身份能转化为数字资产，符合更广义的金融管理方式，包含所有个人数据资产化的商业形态，以及个人数字 ID 的资产金融管理。

这样的新商业形态有一个创新的经济金融体系、统一的支付平台和用户自主的数据流系统。这恰恰说明元宇宙概念的商务模式应该基于分布式数据的互联网架构，也就是区块链技术，将现实与虚拟数据的归属、本质和价值重新定义，转变出一个新的商业价值逻辑，完全颠覆了人类历史上演变了几百年的经济学。透过区块链的去中心化共识、开放式架构、自信任程序及加密资产经济机制，可以创造出更多具备元宇宙特性的新商业范式。

美剧 Upload（如图 4-19 所示）给我们带来了很大的启发。这个剧的内涵就是将生命结束后的人类的大脑移植到虚拟世界，这个虚拟世界的商业项目提供了永生的服务。在这个类似After Life 的商业服务项目里面，用户可以持续地拥有各式各样的日常生活和商业活动，等同于大脑感受的虚拟体验，甚至还能跟"在世"的亲朋好友继续共同生活、交流，只不过双方分别在现实世界和数字虚拟世界。这是另一种平行宇宙，元宇宙中的平行世界。

图 4-19　*Upload* 中的场景

整个产业赛道看起来相当宽泛，从硬科技到内容，从内容到应用服务，再到新形态的互联网公司，这些都基于区块链技术、数字通证经济及 DAO[1]。

对于各类投资人而言，可以选定的细分行业非常多。擅长硬科技的投资人可以从技术领域入手，擅长互联网行业的投资人可以从内容及互联网应用入手，对于区块链、DAO 及数字经济有兴趣的投资人可以从经济模式、文明和数字资产应用服务等视角切入。

对于元宇宙这个产业，我们更多要面对的不是来自新科技的挑战，而是对新文明的一种理解与启发。我们需要更加深入地思考：我是谁？我从哪里来？我往哪里去？基于这样一个新的文明形态，可能会有更多目前我们想象不到的商业场景，或者说想象不到的价值增长驱动引擎，而投资者就是要提前挖掘出这样的引擎。

对于早期投资人而言，投资未来的思路需另辟蹊径，这样才有可能领先一步。有几种方式或许可以预先洞察未来的发展，例如多想象一下某些科幻小说里面的场景，这些人类大脑想象出来的场景，在未来适当的时间点，也许会一一实现，或许就在元宇宙的虚拟场景里实现。这样的思考或许可以激发出一些点子。领先一步就好，毕竟商业的价值实现也依赖

---

1 DAO，全称是"分布式自治组织"（Distributed Autonomous Organization），是一种基于区块链组织的结构形式，像一个全自动的机器人，当它所有的程序被设定之后，它就能够根据规则开始运转。

恰当的时机。

价值投资者应该及时发现产业及项目背后的 "第一性原理"。第一性原理，好比树木的根基，没有人会看到繁茂枝干下的树根，但它决定了树的一切。要从本质上理解投资，理解价值投资。当然，投资的第一性原理不是绝对的，也可以将现有资源、资金置换成成长潜力更大的项目价值。

或是可以追本溯源地思考人性，推测未来的社会演进，进而发现可能改变世界内涵的创新项目。未来可能出现元宇宙体系的 "第一性原理"，等待你我去发掘、发现。

总之，第一性原理的基本命题与假设不能违背。不论什么样的基本命题与假设，都与投资人自身的认知息息相关。特别是在元宇宙这个领域里面，比较思维是落后的判断，唯有全新的创造与创新才是我们要追求的目标。相信凭借着人类智慧的不断演进，坚持开放与共享，通过价值投资找到的就是元宇宙的成功未来。

第 5 章

元宇宙+区块链生态全景

5.1　元宇宙技术驱动与赛道划分

早在 1955 年，美国摄影师莫顿·海利希（Morton Heilig）就描绘了沉浸式剧院的想法，希望人们能够亲身体验虚拟世界中的场景。之后，人们对于元宇宙的探索从未停止，理解也各不相同，可以达成共识的是：人们在元宇宙中会有新的化身，这个化身不受现实身份、环境、空间，甚至时间的限制，可以融入新的世界，并创造无限可能。

科技的发展是元宇宙进化的前提。从趋势上看，元宇宙正经历着从镜像模拟现实世界，到超越现实、独立创新、逐渐开放，以及与现实世界相互融合并相互促进的过程。这个过程必将深入影响各个行业的发展形态。

技术驱动元宇宙的发展

元宇宙的发展得益于技术力量的推动。元宇宙的底层技术包括但不限于网络和运算、人工智能、区块链、人机交互、显示技术和游戏技术等，具体如表 5-1 所示。

表 5-1　元宇宙底层技术一览

底层技术	详细内涵
网络和运算	5G、WiFi 6、空间定位算法、虚拟场景拟合，可以降低成本和网络延迟
人工智能	计算机视觉、机器学习、智能语音，可以实现虚拟情景自我发展、故事随机生成
区块链	分布式计算、共识机制、智能合约、分布式存储、隐私计算等，在经济体系建立、提高运行稳定性及数据隐私保护等多方面起到支撑作用
人机交互	人与元宇宙交互的设备，例如 PC 端、移动端，虚拟现实穿戴系列（VR、AR、MR、XR），神经传感系统，脑机，甚至生态仓等
显示技术	GPU 算法、3D 模拟成像、体素（Voxel）、全息影像等，可以提供真实视觉效果
游戏技术	为元宇宙搭建场景渲染、人物形象活动、世界观呈现等提供驱动引擎

宇宙主要赛道划分

除技术支持外，元宇宙还具备人文经济特质，并逐渐形成其特定结构。美国游戏开发商 Beamable 公司的创始人 Jon Radoff 从用户体验的角度出发，将元宇宙划分为 7 个层面，包括体验层（Experience）、发现层（Discovery）、空间计算（Spatial Computing）、分布式（Decentralizition）、基础设施（Infrastructure）、创作者经济（Creator Economy）和人机互动（Human-Computer Interaction）。依据此 7 个层面，可以对元宇宙的主要赛道进行划分。

● 体验层：元宇宙在生活场景中的应用场景繁多，目前以游戏为主，未来还可以扩展为社交、购物、工作、影视等表现形式。

● 发现层：元宇宙的传播途径，除了传统的媒体、电影、广告等传播模式，社区驱动型传播是性价比较高的营销方式，人们倾向于传播其兴趣所致或与切身利益相关的内容。

● 空间计算：提供虚拟空间计算解决方案，使虚拟世界中的空间更具真实感，符合用户在现实世界中的自然活动方式。

● 分布式：分布式的算法及存储模式，可分散中心化运算及存储服务器的压力，低延迟地运行功能强大的应用程序。

● 基础设施：支持将设备连接到网络并提供内容的技术，如 5G、WiFi 技术、Web 3.0 协议、GPU、显示算法等。

- 创作者经济：创作者参与到元宇宙的构建中，从世界观、开发工具、虚拟物品等各角度进行艺术创作，并产生价值，形成经济体系。

- 人机互动：连接元宇宙的外部设备，例如智能眼镜、可集成到服装中的 3D 打印可穿戴设备、微型生物传感器，甚至消费级神经接口。

以上 7 个层面相对完备，使得元宇宙足够撑起一个以数据为主要生产要素的庞大世界，现有的行业赛道都是基于这些方向延伸并发展的。其中，区块链技术跨越了其中几个层级，从开源系统、分布式计算、智能合约、点对点服务、跨链技术，再到 NFT 虚拟商品交易的统一标准、DAO 治理模式社区管理、DeFi 范式经济系统，都将助力元宇宙的发展。

5.2　元宇宙+区块链生态解析

元宇宙体系基于一个承载了对人类虚拟活动生态进行模拟的平台，构造出了新一代的"数字网络"，这个庞大生态体系的主要特征包括：可靠的经济系统、虚拟身份与资产、强社交性、沉浸式体验和开放内容创作。以上 5 个特征相辅相成，每一项都必不可少。在这样庞大的社会化生态中，以去中心化为主导的元宇宙商业模式将更符合流量的增长方向。

要构建这样的生态，区块链技术能够提供去中心化的结算平台和价值传递渠道，这是数字世界经济体系的关键因素。

区块链能够解决元宇宙生态中的去中心化价值传输与协作问题，在生态中实现了规则透明、自我执行、确定性执行、社区治理等机制，保证了元宇宙体系内的价值归属与经济流转，并长期维持经济体系的高效、稳定运转。

特别是在 2020 年之后，去中心化金融理念与技术在区块链行业拓展迅速，技术创新给区块链元宇宙带来了更多的可能性。

区块链是构建元宇宙经济体系的关键角色

在区块链元宇宙中，人们可在数字世界中完成开发、创造、娱乐、展示、交易和社交等活动的全过程。其中，经济体系被称为元宇宙从"游戏形态"质变为"平行宇宙"的重要因素。为了实现价值交换和资源流动，元宇宙引入经济系统是必然的选择，也是激发元宇宙生命力的重要因素。

经济模型的置入能够让用户完整体验到数字资产及产品的创造、交换、消费等重要环节，并让用户劳动创作的虚拟价值由市场决定，在沉浸感、参与度、积极性、所有权等体验上进入"新的世界"。

▌ 经济生态循环

区块链所支撑的元宇宙同样遵循了社会发展的基本规律，同样有着生产力、社会生产资料、生产关系、经济体系、技术生态体系和法律关系。区块链的金融属性在元宇宙的经济系统中发挥着不可替代的作用，是重要的底层技术。

关键之处在于区块链元宇宙经济生态的激励环节，生态模型将承载元宇宙中的数字资产，并通过内部经济系统把控通货膨胀，以确保社区的稳定运行。

我们可以从元宇宙概念中提取三个核心层级，即技术层、资料层和交互层。从这几个层级来看，区块链分布式网络已经触及整个经济系统运行的基础，并承担了整个系统的核心支撑功能。

在技术层，区块链对元宇宙提供了技术支持，以支撑各种生态应用场景。区块链源于一个点对点的分布式电子货币系统，这个电子货币系统目前已发展成为一个较为完善的去中心化金融体系。基于智能合约的链上生态中引入了"代码即法律"的治理思路，减少了人工参与及中心化治理的大规模介入。同时，区块链系统的自动执行，将使得整个生态比现有经济体系效率高。

在资料层，最基础的人、物、环境之间的关联产生了基本的物料、商品、服务等，并在生态中不断循环演进。区块链技术能够被用于人物身份确定、资产创建、资产确权等。区块链元宇宙中的数字产品已经脱离了大数据时代的"数字化物品"的概念，具有了数字资产的属性。基于此，数据、数字物品、内容及 IP 等更多产品均可在元宇宙通行。

在交互层，人与人之间的交互产生了社交关系，人与物的交互形成了经济环境，并产生了治理、激励和应用等细分层级。在这里，元宇宙一定不是公司制的，而是无数中心化机构和个人共同参与构建的，是一种分布式的、去中心化的、自组织的方式。区块链有助于做到这一点，并通过智能合约从多个维度渗透其中。

此外，区块链技术还可以让元宇宙与元宇宙之间进行沟通与交互。在不同元宇宙间实现交易，能够让数字世界互通有无。

▍契合元宇宙思路：信息、认知、利益和信任

在如今被普遍认可的元宇宙基本要素定义中，一个完备的元宇宙需要具备：身份、朋友、沉浸感、低延迟、多样性、随地、经济和文明。而具有强金融属性的区块链技术几乎能够覆盖以上所有的要素，并在构建经济系统上不可或缺。

区块链技术在很多维度上完整地契合了元宇宙的搭建思路。

区块链的基本特征包括分布式、公开透明、不易篡改和可溯源。这提供了一种建立信任、降低互信成本的方式。通过链上经济系统，数字资产创建、确权、流转、价值交换，满足了经济体系的需求。

通过区块链进行资产的支付与结算，能够降低信任风险，提高效率。同时，区块链技术特有的共识机制、算法机制、激励机制，能够从货币系统和权益激励系统两个角度来完善生态中的社交关系，让参与者在其中维护、支持与贡献。

区块链智能合约的应用，让自动化、可编程、公开透明、可验证和低成本互信等技术的优越性被展示出来，可广泛应用于身份验证与管理、金融体系、经济模型、社交网络、游戏娱乐和文明构建等方向，有效应用于数字生态。

元宇宙+区块链技术发展

2020 年，DeFi 在区块链行业的广泛应用，让区块链技术与元宇宙的结合产生了质的飞跃，并直接影响到了游戏、网络与算力、VR 显示的发展进程。

纵观元宇宙概念数字产品的发展，已经经历了从数字化产品到数字原生产品，再到数字资产虚实结合的三个阶段。在这样一个崭新的数字世界中，数字原生产品让元宇宙诞生了非现实世界内的产品，凸显数字原生产品的重要性。

区块链技术对于数字世界的改变是巨大的。在目前所处的 Web 2.0 网络之中，第三方平台将数字资产以流量的形式持有。而在 Web 3.0 的世界观中，通过区块链技术，数字资产能够完成个人的确权。在元宇宙经济形态下，基于区块链技术底层，出现了 Coin、Token、NFT 三个新的价值标记物。三者相互支持，可有效撑起区块链元宇宙的经济体。

基于这些手段，目前区块链生态中衍生出了 DeFi、NFTfi、SocialFi、DAOfi、GameFi 等多类概念，极大地促进了新生态在元宇宙中的繁衍生息。至此，元宇宙也被称为"Web 3.0"或"互联网 Z 世代"，意味着一个更完整的"平行宇宙"。

▌ DeFi

DeFi 是目前被广泛用于在区块链结算层上提供金融服务的平台和应用的通称，其目标在于以去中心化的方式进行开发和运营，能够基于透明的、去信任化的区块链来提供全类目的金融服务。

DeFi 主要包含稳定币、交易平台、信用服务、衍生品服务、保险服务、资产管理服务及辅助服务等类别。由于 DeFi 的可组合性极强，又被形容为"乐高积木"或"Money Lego"。

2020 年 DeFi 生态爆发，DeFi 总锁仓价值（TVL）创下 147.3 亿美元的历史高位，排名前 100 的 DeFi 代币总市值超过 1300 亿美元。图 5-1 展示了 2017 年至 2021 年 DeFi 总锁仓价值的变化。

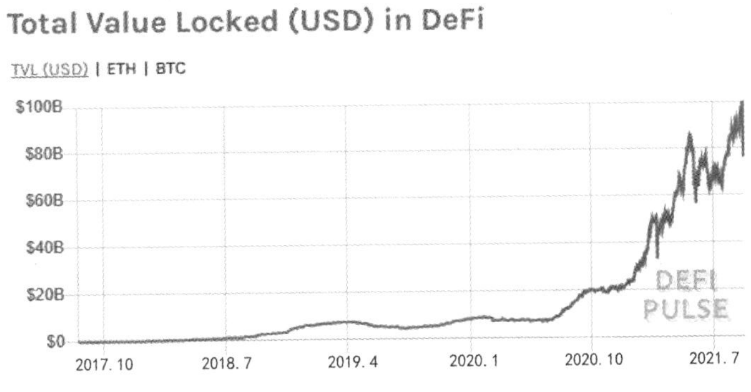

图 5-1　2017 年至 2021 年 DeFi 总锁仓价值

目前，DeFi 已经能够为元宇宙提供完整、高效的金融系统，从数字资产的交易、抵押借贷、保险服务和证券化等多个方面提供低门槛、低成本、高效率的金融类服务。

▌ NFTfi

NFT 在明确所有权、增加真实感方面做出了良好示范。通过区块链技术发行的数字资产凭证，是一种具备唯一性和不可分割性的代币。NFT 通过智能合约实现，突出了 NFT 在制定标准化、通用性、高流动性和可编程性智能合约的实用性。

NFT 既可以表征数字资产本身，又可用于多类凭证场景，包括艺术品、数字收藏品、游戏道具、域名应用、保险保单、预测市场、供应链票据、实物资产、个人信息确权、软件协议、门票/入场券等，用途极为广泛。

NFT 与 DeFi 结合后，在 NFT 资产的抵押借贷上进行了创新，让 NFT 资产如同现实资产一般得到了金融服务，进一步强化了数字产品的资产属性及产权稳定性。

▌ SocialFi

由于社交是元宇宙生态中人与人交互的强需求，基于区块链的社交产品一直是受欢迎的创新方向之一。

SocialFi 的发展与元宇宙对内容创作的定义高度契合。从细分概念上讲，SocialFi 需要为用户们构建一个完善、自洽的经济系统，通过社交通证来让个人的社交影响力金融化或通证化，在一次次的交互中捕捉内容创作者的个人价值。SocialFi 打破了两种垄断，一种是传统社交平台巨头对于内容创作者的垄断，另一种是拥有巨大社交影响力的人对于普通内容创作者的垄断。

内容创作者所产出的文字、音乐、视频和图片等，往往由 NFT 来确权，这也为 SocialFi 的发展提供了稳定的基石。

▌ DAOfi

DAO（Distributed Autonomous Organization，去中心化自治组织）逐步成为元宇宙中最为主要的组织形态。

DAO 是与社区共享价值的载体。DAO 组织通过治理为成员提供发声渠道，形成扁平化的结构和灵活的工作方式，在社区内部分配资源并组织成员协作完成核心任务。这是链上组织分布式治理体系的一种更新。

在区块链行业中，已经形成了赠款型 DAO、协议型 DAO、投资型 DAO、服务型 DAO、社交型 DAO、收藏者 DAO 和媒体型 DAO 等多种类型的社区，并展示了不同的用户群体和社区文化。

轻量级的 DAO 是社会性质先行的链下治理，能够激发活跃讨论、催生社区归属感，而重量级的 DAO 涉及巨额资本，需要实现链上治理以执行和批准提案。DAO 组织的治理将在元宇宙中形成一个个微观经济体。

GameFi

游戏被视为数字化世界最典型的场景。GameFi 游戏可以被看作当下与元宇宙概念最接近的模式之一。在游戏中，元宇宙具有完整的世界观，拥有"无限游戏"的概念，即元宇宙是一个没有时间、空间限制，没有终局的游戏，所有的参与者能够让游戏一直进行下去，这就与零和游戏区别开来，让商业模型成为关键点。在开放式经济的游戏中，玩家可以进行部分游戏资源的交易，从而通过产出资源实现盈利。

GameFi 将 DeFi 的质押等方式引入区块链游戏中，并结合 NFT、社交等概念丰富游戏活动。用户在游戏中可获取收益，这也是 GameFi 最广为人知的口号——Play to Earn（边玩边赚）所传达的一种理念。一个完整的 GameFi 游戏将为用户打开了解元宇宙的窗口。GameFi 发端于链游领域，但已经进一步影响到社交、金融等活动。

元宇宙+区块链的生态效益

在 DeFi、NFT 等相关技术的推动下，围绕去中心化市场和游戏资产的应用迎来了创新浪潮。

Roblox 公司于 2021 年 3 月上市，宣布上市后在短期内市值就上升至 400 亿美元，比上一年增加 10 倍。在 Roblox 公司公开的 2021 年第 2 季度信息中，当季的预定量为 6.655 亿美元，同比增长 35%，GAAP 收入是 4.541 亿美元，同比增长 127%。

在目前较为活跃的区块链元宇宙主体中，典型案例往往并非来自互联网巨头，区块链原生资产具有耀眼的表现，比如 Axie Infinity、Decentraland 等。

区块链元宇宙具有开放平台的属性，并能够建立互联系统，其规模可能将大于目前基于单个公司的产业数量级。

5.3 元宇宙+区块链市场解析

元宇宙形态有多种，传统行业的元宇宙，例如 *Roblox* 和《我的世界》，这些元宇宙都是独立的世界，无法互通，属于封闭式元宇宙。而区块链领域的元宇宙，不仅在技术上具备开放性，还在身份、文化、经济、治理模式等方面具备开放性。未来的元宇宙将是一个宏观的元宇宙，而单一的、小的元宇宙可以与之互通，区块链将成为支撑元宇宙发展的起点。

细分赛道及生态图谱

Outlier Ventures 提出的区块链对开放式元宇宙提供支持的技术栈的分类如下。

- 区块链开发平台为链上元宇宙开发的基础，专注于游戏高效开发。能够支持高效链上交易的公链致力于成为元宇宙的基础设施。

- 虚拟世界类游戏是元宇宙的初始表现形式。该类游戏为玩家提供沉浸式游戏体验，进行地块买卖、建筑装饰、玩家自我创新等，并不断出现新型 NFT。

- 去中心化金融可对接元宇宙内的经济系统，虚拟货币间的交易可使用户在不同元宇宙经济体系中进行联动。基于 DeFi 及其扩展的多方面经济范式有 GameFi、NFTfi、SocialFi 等，包括去中心化交易平台在内的去中心化金融系统将会成为不可或缺的角色。

- NFT 为虚拟资产提供良好的交易载体，对标物理资产，为数字资产提供铸造标准、进行确权等。目前，虚拟资产交易载体主要由 NFT 铸造及交易平台来充当。

- 去中心化存储的存储节点是全球化分布的，服务器的分布式布局能够有效降低网络延迟，并对数字资产的所有权存储提供良好的支持。目前去中心化存储的应用范围广泛，该赛道已获得 a16z、Protocol Labs、Cabin VC 等众多投资机构的支持。

- 个人身份治理（DID，Decentralized Identify）可为元宇宙用户提供自主身份管理能力，避免被中心化权威机构控制，从而能够进行具备隐私保护的数据和资产交易。

市场规模及发展空间

数字货币为对冲通货紧缩提供新的形式。互联网原生数字货币进入元宇宙的数字世界，能够与其经济系统无缝连接，直接成为虚拟世界中的基础货币。目前，数字货币市值总规模已超过 2 万亿美元。

区块链虚拟世界类游戏有着多维市场、虚拟土地销售市场、虚拟世界创作者经济市场等多种经济模式。目前，区块链领域的虚拟世界类游戏尚处在初级阶段。

传统机构及区块链原生产品竞争对比

传统机构对元宇宙的探索较早，其中，最具代表性的游戏开发平台之一——Roblox 公司在 2006 年成立了工作室，并于 2007 年推出第一版游戏。2021 年 3 月，该平台于纽交所上市。

大型多人游戏创作平台 Roblox 目前已成为全球最大的互动社区之一，其愿景在于通过游戏连接全世界，让用户参与到来自全球的开发者创建的沉浸式 3D 游戏中，构筑一个集想象、创造、分享与互动于一体的空间。在 Roblox 创建的元宇宙游戏平台中，玩家可自发创造内容并获取收益，这为该元宇宙内部提供了生产力。

据 Roblox 公司 2021 年第一季度报告数据显示，其日活跃用户数为 4210 万，同比增长 79%，用户单日平均使用时长为 153 分钟，在美国 iOS 手游市场份额占比 5.52%，排名第一，季度营收为 38.7 亿美元。

从用户量与市场营收角度看，区块链领域的元宇宙产品与 *Roblox* 相比似乎是幼儿园小朋友遇到了大学生，但也可以发现用户对元宇宙产品的兴趣，且传统元宇宙项目的市场规模及未来市场潜力亦是区块链元宇宙产品的发展目标。

就技术层面而言，区块链领域的元宇宙产品具有了诸多优势。Roblox 公司的 UGC 游戏平台+沉浸式社交属性+独立经济系统三大特点在区块链领域已经具备比较成熟的基础，区块链领域的去中心化治理、社区运营、DeFi 经济模型等已形成基本框架，便于区块链元宇宙项目根据自身特点进行设计转化，将极大缩短产品发展、成熟时间。

区块链应用瓶颈

区块链的传输效率有待提高，效率不足将导致网络拥堵与高额 Gas 费，影响元宇宙用户的实时体验，在同时满足安全、高效、可扩展性方面尚需努力。

区块链技术推广尚不足够，因此，解决方案之一是提高可移植性。区块链元宇宙 SDK（软件开发工具包）可为元宇宙开发者提供便利，在封装好的技术架构基础上进行开发，将有助于区块链底层技术被更多人采用。

区块链项目的用户参与门槛较高，虚拟货币钱包对普通用户而言使用难度较大。传统游戏通常具备免费模式及试用道具赠送，注册常规账号即可开始体验。区块链类项目可以参考传统游戏的模式，例如推出"低配"玩法吸引玩家，再进行高阶收费的玩法推荐，锁定用户收益。

去中心化存储的发展成熟度不足，尚需更多存储节点加入。沉浸式元宇宙游戏体验注重稳定性与低延迟，对于去中心化存储需要存储贡献者共建的体系，参与节点越多，去中心化存储的性能越强。

5.4　元宇宙+区块链投资机会

元宇宙尚且处于早期阶段。目前的区块链元宇宙以沉浸式游戏和 NFT 产品为主，一些可以预见的特征已显现，众多投资机构及加密 VC 开始寻找投资机会。

元宇宙+区块链投资情况

目前，微软、谷歌、HTC、英伟达、腾讯、网易、字节跳动、海尔、百度、Facebook、Epic 等国内外科技大公司均在争夺元宇宙风口，以投资、收购、孵化等多种方式参与其中。红杉资本、真格基金、高瓴资本、经纬中国、五源资本等投资机构及头部基金也在元宇宙方向中积极布局。

比较有代表性的相关投资案例包括：

- 2020 年 2 月，Roblox 公司获 1.5 亿美元融资，并于 2021 年获一轮 5.2 亿美元融资后正式上市。该公司市场估值近 300 亿美元。

- 2021 年 3 月，元宇宙概念游戏平台 Rec Room 获得由红杉资本领投的 12.5 亿美元融资。

- 2021 年 4 月，字节跳动斥资 1 亿元人民币投资了元宇宙概念公司代码乾坤，数月后，再以 90 亿元人民币收购虚拟现实初创企业 PICO。

- 2021 年 4 月，美国游戏开发商 Epic 完成 10 亿美元的新一轮融资，加码元宇宙布局。同期，公司估值达 287 亿美元。

此外，一些国家对元宇宙领域的行业进行了扶持。以韩国为例，在韩国财政部发布的关于数字新政项目的预算中，政府将投入 2000 万美元用于支持开发元宇宙平台，另有 2600 万美元用于开发相关数字安全的区块链技术。

元宇宙+区块链投资趋势

区块链元宇宙早在 2017 年就已经开始发展。从数据上看，截止到 2020 年年底，区块链元宇宙占据 NFT 市场份额的 25%，稳居 2020 年 NFT 资产份额第一的位置，2020 年全年的销售额达到 2000 万美元，历史销售额超 5500 万美元。

元宇宙概念涉及区块链、游戏、社交、AI 等多个领域，其中游戏和社交等方向已经在区块链元宇宙中实现。在区块链行业中，资本主要从内容、游戏、社交三个方面展开，NFT、SocialFi、GameFi 都在受欢迎的投资概念中。

元宇宙+区块链发展趋势预测

目前，NFT、DeFi、GameFi 已经成为元宇宙受欢迎的配置。笔者认为，区块链元宇宙的区块链原生资产、原创内容、社交边界拓展、多元化发展趋势、NFTfi 创新、沉浸感增强、沙盒类 GameFi 游戏等方向都有着上佳的投资机会。

区块链原生资产

从包括 Axie Infinity 在内的以太坊链游不断"出圈"的营收数据中可以看出，区块链原生资产在去中心化、社区理念、发展方向上更符合元宇宙的理想状态，中心化机构、高度的集中性存在一定弊端。

原创内容

元宇宙的理想状态强调了用户原创内容的拓展，在内容生产的演进中，元宇宙已经走向了用户原创内容（UGC，User Generated Content）这一阶段，内容产能和主流社交形态正在实现跨越式提升。

众多区块链元宇宙的成功案例显示出，元宇宙生态中极具特色的内容能支持一个项目从内容走向平台。能够自我迭代、多维立体地吸引用户主动参与体验并进行内容创作，这将成为吸引内容创作者、生态开发者的重点。

社交边界拓展

元宇宙由内容创作者驱动，区块链由技术开发者驱动。在元宇宙中，内容创作者、技术开发者都应当是驱动经济发展的主要动力。

多元化发展趋势

元宇宙长期稳定发展需要更完整的生态支持，丰富的生态依赖于多元化发展和经济体系。元宇宙除了提供娱乐和模拟体验，更需要有创造价值、实现价值和分享价值的内核支撑。

▎ NFTfi 创新

NFT 作为元宇宙里的价值标志物，是区块链元宇宙 To C 端的重要渠道。在"万物皆可 NFT"的方式下，NFT 的创新或将成为元宇宙的主要推动力量。

▎ 沉浸感增强

元宇宙概念的渗透和发展，对游戏、社交、VR 内容之间的沉浸感与拟真度要求将会越来越高。

▎ 最接近元宇宙的形态：沙盒类 GameFi

在维基百科给出的定义中，沙盒游戏通常指拥有大型地图的电子游戏，其包含的内容非常多，且玩家与 NPC 及环境的互动性强。沙盒游戏往往提供较高的自由度，玩家能够自由探索、创造或改变游戏中的内容（非线性游戏往往也有线性模式可供选择，但一般不强迫玩家完成指定任务）。

在众多现有的游戏类型中，沙盒游戏被认为是当前在形态上最接近元宇宙的游戏，比较成功的 GameFi 链游中也具有这类游戏的雏形。

这类概念的游戏具有高自由度、高开放性等特征，再加上 GameFi 属性，激励作用有所增强，将会给玩家带来元宇宙多重要素的综合体验。

元宇宙世界将由各个平行世界的子宇宙构成，它们相互独立又可协议交互。元宇宙的形态将会随着区块链技术的不断创新而扩张，打通虚拟世界和现实世界的边界，最终将形成一个有千行百业的数字化的"全真互联网"。

风险提示

▎ 市场风险

在 2016 年类元宇宙概念的初次爆发时期，中国 VR/AR 相关概念融资事件达 120 起，累计融资额近 25 亿元人民币，但市场发展进度不达预期，该细分领域于第二年进入"寒冬"。

▌产品风险

目前的元宇宙项目更多致力于打造虚拟世界，而非对现实世界进行改善或服务，倘若虚拟世界的运行规则与现实世界存在差异，则有可能出现相关风险。

▌政策风险

由于理想中的元宇宙应该是底层开放互通的平台，无边界、无国界、不归属于单一机构，这或将产生政府监管及法制文明方面的风险。

Metaverse

启迪篇

第6章

元宇宙大观

6.1　元宇宙应用的法律思考

若元宇宙成为现实，它将是虚拟的数字生态。在当前的法律框架下，若要对其定性，我们
认为元宇宙可以是《中华人民共和国民法典》（以下简称《民法典》）规定的虚拟财产、《中
华人民共和国网络安全法》（以下简称《网络安全法》）规定的网络产品和《中华人民共和
国数据安全法》（以下简称《数据安全法》）定义的数据。元宇宙目前尚未落地，待元宇宙
经济形成并发展到一定阶段，相信法律会结合事实判断与价值判断对其最终定性。

从现实世界转化成元宇宙、再由元宇宙映射现实世界，这其中有众多的法律问题值得我们
去思考。

元宇宙应用的法律规制

从法律的视角来看，元宇宙区别于网络虚拟世界的核心特征，在于元宇宙中的元素能与物

理世界中的权利/资产锚定。终极的元宇宙意味着在虚拟世界中形成了一套完整的标准协议和经济系统，且虚拟世界中所有的数据、活动均能与现实世界中的权利/资产一一对应，具备现实意义。终极元宇宙能否实现，取决于未来科学技术的发展程度。

元宇宙目前处于一个非常早期的阶段，本书讨论的是元宇宙概念在不同行业中的具体应用（以下简称"元宇宙应用"），譬如元宇宙概念在游戏、金融、医疗、城市治理、农业、政务、教育等各行各业的具体应用，只有各领域应用大爆发，才有望通往终极元宇宙。

每一个元宇宙应用都是一种网络数据生态，不少头部互联网企业已经在布局元宇宙生态，也有不少传统企业对元宇宙表现出浓厚兴趣，并试图希望能在可能爆发的元宇宙经济中有所作为。开发、运营元宇宙应用或许能创造出新的经济增长点，不过在进入这波浪潮前，企业应审慎思考自己会成为时代的弄潮儿还是会被巨浪无情地打翻。在我国当前的法律框架下，开发、运营元宇宙应用，首先需要了解其适用的法律及法律的红线。

▍元宇宙应用的民事法律规制

元宇宙应用有两种依托形式（或称与现实世界的交互形式），第一种依托形式是网络产品，包括网页、手机端应用程序、电脑端应用程序等。开发、运营这类网络产品需要遵循《网络安全法》《中华人民共和国电信条例》《互联网信息服务管理规定》等网络领域的相关法律法规，依法取得开发、运营的资质，合法合规地提供网络产品及配套服务。

另一种依托形式为软硬件结合的设备，例如利用 AR 眼镜、头盔等硬件设备，通过计算机软件进入元宇宙应用。这类软硬件制造者、销售者不仅要遵循软件开发的法律法规，还要遵循产品制造、销售的相关规定。

如果元宇宙应用导致用户受到损害，那么用户有权依据《民法典》中的合同编和侵权责任编要求相关责任人予以赔偿。

▍元宇宙应用所产生网络数据的民事法律规制

在元宇宙网络游戏应用中，用户创建虚拟人物，购买各类装备，通过完成任务获得元宝、银两或彩蛋；在元宇宙城市治理应用中，用户足不出户，通过 VR 眼镜或头盔在虚拟城市看展览、购物、听演唱会、开展社交活动等。这些应用中的活动均会产生网络数据。这些网络数据被用户控制和占有，是用户通过网络投入大量的时间、精力与金钱而产生的，不同用户之间对网络数据可进行交易，使得这些网络数据具备了财产的使用价值和交换价值，所以其定位为虚拟财产。

互联网上出现的虚拟财产有很多类，第一类是网络游戏中的角色、装备等虚拟物品，第二类是京豆、支付宝积分等虚拟货币，第三类是微信账号、微博账号、抖音账号等身份认证信息，第四类是网页、QQ 空间等虚拟空间。

元宇宙最大规模的虚拟财产集合，包含但不限于上述四类虚拟财产。具体应用同样是四类虚拟财产的集合体。

关于虚拟财产的属性，法学界有不同看法，有的学者认为虚拟财产的获得基于网络服务合同或 AR 体验服务合同，所以虚拟财产属于债权。有的学者认为网络虚拟财产是基于互联网而形成的新物权类型，还有的学者认为虚拟财产是研发人员和参与者共同的智力创造，应纳入著作权范畴。

撇开关于虚拟财产究竟是债权、物权还是著作权的争论，《民法典》的第一编总则第五章"民事权利"将虚拟财产列入其中，虚拟财产属于民事权利这一点已毋庸置疑。

《民法典》第一百二十七条提及"法律对数据、网络虚拟财产的保护有规定的，依照其规定。"网络数据是数据，亦是网络虚拟财产，均可适用《民法典》这一概括性、原则性的单一条文。网络数据保护的具体操作，有待法律对其进一步规定。

元宇宙应用的刑事法律规制

不同于传统的网络游戏，元宇宙应用设定了映射到现实世界的路径或激励机制，像虚拟世界类电影《头号玩家》中的场景，所有参与人均试图去找到"绿洲"里的三把钥匙，因为取得三把钥匙意味着可以在现实世界中获赠游戏创建者的巨额遗产。元宇宙应用因向不特定公众发行，且存在对应现实世界的激励机制，若使用不规范很有可能被定性为类金融产品或证券资产，从而触犯《中华人民共和国刑法》（以下简称《刑法》），构成非法经营、非法吸收公众存款、集资诈骗等刑事犯罪。这是目前发展元宇宙应用需要警惕和避免的。任何人不得借着元宇宙应用的名号损害他人和社会的合法权益，谋取自己的不正当利益，不得变相地促使元宇宙应用成为刑事犯罪的"烟雾弹"。

开发元宇宙应用的法律风险及防范措施

构建元宇宙的价值在于打破空间的界限，代替人类进行不必要、重复、低效率的行为，让人们在虚拟世界里享受以往需要亲力亲为才能获取的成果，让人类有更多的时间去研发更高层级、更深层次的科学技术。开发元宇宙应用并使其适用于千行百业才能最终实现元宇宙的构建。下面分别从 4 个方面探讨在我国当前元宇宙应用开发中的法律风险及防范。

▎元宇宙应用基础技术的法律问题

开发元宇宙应用需要一系列的高科技技术，其中人工智能和区块链是最受争议的对象。

1．人工智能

元宇宙应用的参与者通过节点服务器加入，节点服务器的背后可以是一个自然人主体、一个法人主体、一个社会组织，也可以是一个人工智能系统，这个系统同样在元宇宙应用中收集和产出网络数据。那么这个人工智能系统是否具有法律地位，其在元宇宙应用中致人损害该如何认定责任，其创造的网络数据是否同样属于虚拟财产，其生成的内容是否可构成作品？我们一一来分析。

第一，人工智能/机器人的法律主体问题。如果元宇宙应用中的参与主体是机器人，那么问题来了：机器人是人还是机器，是否可以成为拟制的法律主体？这曾引起法学界激烈的讨论。机器人背后是代码的开发者和运行者，机器的运行离不开人为的控制，不论是自动运行设定的程序还是事后对机器的回收，都离不开人的运作，所以机器人只是更智能的机器，无法取代人成为法律主体。

第二，人工智能致人损害的责任承担问题。人工智能的产物致人损害，依照技术中立的原则，技术本身不违法，若有人故意为之，则行为人承担致人损害的责任，在元宇宙应用中也应秉承这样的处理原则。

第三，在元宇宙应用中，计算机智能软件生产的网络数据是计算机开发者、管理者投入了大量时间、精力、金钱创造出来的，具有使用和交换价值，属于计算机软件开发者或管理者拥有的虚拟财产。

第四，计算机智能软件生成的内容是否可构成作品？根据《中华人民共和国著作权法实施条例》第二条规定可知，"著作权法所称作品，是指文学、艺术和科学领域内具有独创性并能以某种有形形式复制的智力成果"。对于计算机软件生成的内容是否构成作品，我国法院也严格按照《中华人民共和国著作权法实施条例》中关于作品的定义判断其是否具备独创性。至于计算机软件生成的内容作品著作权的归属，法院在原则上认定其应属于人工智能的创作者或管理人。

2．区块链

在元宇宙安全、不可篡改、唯一对应地将现实世界中的权利/资产变为网络数据的过程中，区块链技术将起到不可替代的作用。另外，元宇宙中的经济体系也将由区块链技术中的通证所构建。

区块链技术的发展需要解决的问题是该技术能否真正变革社会关系，迸发出新的经济活力。完整的区块链应用具备通证激励，而通证激励类货币的属性使得全球各国对其监管态度不一，中国、韩国对首次代币发行（ICO）[1]采取严格监管态度，瑞士、新加坡属于宽松监管，美国、日本则属于穿透监管。

在我国，国家大力支持去掉通证后的区块链技术应用，尤其在 2019 年 10 月 24 日中共中央政治局第十八次集体学习后，区块链技术的发展上升到了国家战略高度。

当然，区块链是热点技术，但不是能解决一切问题的技术。不少企业想要拥抱互联网、拥抱区块链，不管自身是否真的需要这类技术而盲目跟风使用，花费了不少精力和成本，却发挥不了互联网、区块链技术的优势，反过来一口否定了技术的作用。需要认清的是，互联网解决信息不对称的难题，区块链解决信任问题。企业在经营过程中不能一味跟风。

当前的元宇宙应用也应基于解决不同节点之间的交易公开透明、不可篡改、建立在去中心化信任之上，以适用区块链技术。那么，企业运用区块链技术在元宇宙应用中需要关注哪些法律风险呢？

第一，需解决去中心化或多中心化的各方责任问题。区块链技术不是完美的技术，它也存在一些待解决的问题。比如目前区块链在我国用得较多的是存证、溯源和供应链金融，区块链能保证数据上链后不可篡改且各方交叉验证后才能完成交易，保证了数据的真实性，但其无法保证上链前数据的真实性，如果银行根据虚假的上链数据对联盟链中的企业授予贷款，或消费者分析虚假上链数据而购买了溯源的商品，那么因上链前数据的不真实，将导致花费大量成本打造的区块链应用主体无法产生真正效用。再比如以核心企业建立的联盟链，核心企业收集了链上的数据并进一步加以利用，是否会侵犯其他企业或个人的合法权益？企业打造的私有链用于发行资产化证券，因向不特定对象发行而构成未经批准的证券发行行为，参与者的责任如何划分？所以，对于因上链数据不真实导致的损害责任分配、收集

---

1 ICO（Initial Coin Offering）源自股票市场的首次公开发行（IPO）概念，ICO 是加密数字货币项目筹集通用数字货币的行为。

后的数据如何处理、各方的禁止行为等问题，区块链应用需要在事前以书面协议形式全面约定。协议内容应以公平为原则，约定由行为人各自承担相应责任为妥。在运用区块链技术开发元宇宙应用时，对于参与主体之间的权利义务责任，也应通过协议形式予以明确规定。

第二，通证的取舍。不管是比特币、以太坊，还是 NFT、联盟链中的积分，这些均属于通证，即区块链技术中的激励机制。激励机制的存在让人们对原本不具有价值的虚拟货币大力追捧，客观上促进了底层区块链技术的推广，不过，脱离实际价值的狂热投机也引发了不少犯罪。在我国全面禁止 ICO 后，还有人在尝试联盟链/私有链的激励机制。完整的区块链是包括通证的，一味舍去通证，会不会阻碍区块链技术的发展呢？若在元宇宙中采用了通证，是否会因此变相成为 ICO 而被司法予以否定评价？这是企业在运用区块链技术开发元宇宙应用时需要特别注意的。

对元宇宙应用的监管审查

元宇宙不是一蹴而就的，在开发元宇宙应用的过程中，会有无数的尝试，形成无数的应用，不少研究者认为元宇宙最早的应用会在游戏领域出现。在游戏里创造一个逼真的虚拟世界再与现实世界中的权利/资产锚定，赋予虚拟世界以现实意义。遥想元宇宙游戏应用甚至金融应用、政务应用、教育应用纷纷出现，各国的监管态度会是怎样的呢？

不可否认，新兴事物的出现势必会对各个国家有不同程度的冲击。严监管的中国全面禁止了未经批准的 ICO 行为，在事前阶段就予以否定。也有态度保持中立的国家，采用了沙盒机制，在一个可控的范围内对虚拟货币进行创新和应用。还有政策宽松的国家，放任甚至鼓励虚拟货币的发展。

所以在开发元宇宙应用的过程中，研究不同国家对于元宇宙的监管态度十分重要，元宇宙的未来是基于分布式账本的全球化生态，所以元宇宙开发在哪个国家进行，是否受到该国政策的欢迎，应用落地后可运用在哪些国家，是元宇宙应用布局开发者需要重点思考、深入考察的事情。

当然，监管态度不一定是一成不变的，对各个国家的立法者和司法者而言，新事物将给现存的法律法规带来挑战，立法者和司法者也将面临权利保护与鼓励创新之间的权衡纠结。

元宇宙应用中的数据合规

数据是数字经济时代的关键要素，各国越来越重视数据合规，元宇宙作为网络数据的集合体、实现数据跨境转移的媒介，相应的数据合规性审查必不可少。在数据合规化之后，各数据相关方长期积淀的内部资源以数据的形式实现外部共享，各方参与者投入应用的数据将发挥巨大潜能。不过，数据合规之路漫漫，防止数据滥用和防范数据安全隐患也是其长期任务之一。

在元宇宙应用的构建中，势必涉及大量信息的收集、使用和处理，开发企业需要做到以下几点。

第一，开发企业需全面审查元宇宙应用的商业模式，建立完整的数据收集、使用和处理的数据合规体系。完善的企业数据合规体系包括商业模式合规、技术和计算机系统方面的有效措施、建立健全流程数据安全管理制度、组织开展数据安全教育培训、应急措施设置、定期风险评估等方面。

第二，对于存储的数据进行分级分类和妥善安全的管理，严格遵守安全审查、出口管制等制度，对于重要数据和核心数据加强保护。

第三，根据《数据安全法》第三十一条的规定，遵守网信部门关于数据出境的管理规则，实现数据安全、合法跨境转移。

元宇宙应用规则的制定

元宇宙应用规则的构成包括《用户协议》《AR 服务协议》，以及代码或智能合约。这些规则由谁制定、如何制定、内容正确与否，是人们对参与元宇宙应用是否有信心、是否认同的关键。

不管是以代码或智能合约（自动执行的代码）的形式制定的规则，还是以《用户协议》《AR 服务协议》的方式来发布，均需关注其合法性。企业制定的规则要在一国法律的框架之下，违反法律强制性规范和公序良俗的规则是无效的。尤其是新型的智能合约，其以数据代码形式写入区块链分布式账本后，合同条款便直接生效，即便违反了法律条款，其代码规则也会自动执行。一旦智能合约开发者不小心将代码设置错误或故意为之，将对参与各方主体造成不可想象的损失。

网络游戏的代码错误导致的损失只在虚拟世界内发生，而元宇宙应用将把损失带到现实世界。所以，元宇宙应用规则不建议由一个人或几个人拍脑袋决定，必须要经过集体商议和权威机构审核批准。

运营元宇宙应用的法律风险及防范措施

▎在元宇宙应用中的虚拟财产被盗, 如何维权

元宇宙应用中的虚拟财产因具有现实的价值, 一旦被盗便会给用户造成较大的损失。被盗的原因有很多, 可能因用户不小心弄丢账号密码被他人盗号, 也可能因黑客的攻击而惨遭洗劫。虚拟财产被盗是否能得到司法保护, 一直没有定论, 因为虚拟财产的价值认定还没有统一的标准。

我们认为, 盗取虚拟财产是否构成违法甚至犯罪行为与构罪之后影响责任轻重的计算标准属于两个层面的问题, 应该分开来看。目前无客观、科学的计算标准成为行为不违法或行为不构成犯罪的正当理由。未有统一的计算标准不同于客观上无法计算, 实际上, 虚拟财产价值可采用出售价格、市场平均交易价格、市场公允价值等来计算, 在没有统一、科学的标准前, 最终判定采取何种惩治措施, 也应根据情节轻重来定。

元宇宙应用中的虚拟财产被盗, 无论数量多少和情节轻重, 都适用《中华人民共和国治安管理处罚法》(以下简称《治安管理处罚法》)和《刑法》惩治盗窃者。

▎在元宇宙应用中的虚拟人物或财物被损毁, 是否有救济途径

进入元宇宙应用需要创建网络虚拟人物、拥有虚拟装备进行网络活动, 虚拟人物、虚拟装备均为虚拟财产, 当其被损毁时, 均可进行法律救济。

遵守元宇宙规则的合同行为和故意损毁行为不同, 在元宇宙应用规则范围内进行的活动是基于各方对虚拟财产达成一致的处置行为, 不应被评价为故意损毁虚拟财产的违法或犯罪行为。故意毁损虚拟财产的行为在《民法典》中对应侵权行为, 在《治安处罚法》中属于任意损毁他人私有财物, 在《刑法》中对应的是故意毁坏财物罪。根据行为的具体表现形式、情节的轻重、后果的大小, 应分别承担民事、行政、刑事责任。

▎在元宇宙应用中的激励是否会诱发现实世界中的犯罪

为了提高人们的参与度, 元宇宙应用会增加现实世界的财富奖励作为激励。激励越多, 人们的动力越大, 随之而来的犯罪可能性也越大。比如元宇宙游戏开发者创设规则, 获得游戏第一名可获得西瓜公司的智能汽车一辆, 人们就会趋之若鹜。第二名为了拿到奖励, 可能会千方百计地找到第一名, 试图让第一名在游戏里消失, 由此可能引发现实中的犯罪, 导致非法拘禁、绑架、故意伤害或故意杀人等行为发生。

试想一下，元宇宙应用若达到了身临其境的效果，那么应用中的打架行为可能导致穿戴 AR 设备的人真实感受到疼痛，甚至因此受伤。在这种情形下，是否属于故意伤害、寻衅滋事？元宇宙有它的规则，一旦将损害后果映射到现实世界，将同样受到现实世界规则的约束。

有法律约束的元宇宙，未来可期

元宇宙目前只是一个概念，大家对它存有太多的想象，随之而来的也有很多困惑。小范围共识下建立虚拟生态或许可行，全世界构建一个平行的元宇宙是否可行？元宇宙的概念是否需要缩减？如何一步步落地？面对这些质疑，元宇宙又将走向何方？

元宇宙概念之下的应用在未来几年或将大有发展，在发展中遵循现有法律法规，注意防范法律风险，有助于元宇宙走得更远。

新事物的发展总是机会与风险并存，元宇宙还处于早期的探索阶段，此时过于追捧，对行业与资本而言也许并非是好事。随着技术的深入发展、政策法律等一系列问题的完善解决，元宇宙也必然会迎来真正属于它的风口。

6.2 元宇宙终局猜想：数字永生

在前文中，我们分析了元宇宙的基本概念，探讨了元宇宙的发展，如果元宇宙的开端是社交，那么关于元宇宙的未来，或者说终局又会是什么？

如何进入元宇宙

首先我们需要拥有一个数字身份证（Identity），借助区块链技术进行数据确权与存证，保障数字身份的安全性不可篡改，并保证其唯一性；同时也需要虚拟人像等技术，刻画你在元宇宙中的虚拟身份。

其次，还需要在虚拟世界中获得资产，即创造虚拟资产（Assets），开展交易活动，促成良性健康的经济闭环。比如在 *Roblox* 中，我们可以通过充值或活动获得虚拟货币 Robux，如果有玩家花费 Robux 购买其他玩家的物品，其他玩家将会获得 Robux，当然也要扣除小部分税金。

最后，我们要进入元宇宙的虚拟空间，这就需要一个入口或平台（Platform）。通过元宇宙平台，线下的场景才能进入元宇宙。

图 6-1 就是进入元宇宙的步骤。

图 6-1　进入元宇宙的步骤

元宇宙发起于社交

前面花了很大的篇幅讲解元宇宙游戏，目前最火的元宇宙项目也是游戏，那么为什么又说元宇宙发起于社交呢？

在现实中，每一个人都离不开社交，社交也是元宇宙用户的核心需求之一。受 2020 年新冠肺炎疫情的影响，很多人被迫困在家里，当现实世界的社交减少时，我们对于网络上的社交需求被更真实、更充分地映射出来。根据腾讯业绩报告显示，2020 年第一季度的微信及 QQ 消息数量增长超过 10%。

虽然移动互联网带来了沟通交流的便利，但比起现实中的社交，还是有缺憾的，最大的缺憾就是缺乏临场感，或者说沉浸感。在现实中，我们需要微信等 App 来实现社交功能，在元宇宙到来的时候，又会发生什么变化呢？会出现一些全新的元宇宙社交产品吗？

其实市面上已经出现了一些早期的元宇宙社交概念产品，通过创建虚拟形象和构筑虚拟生活场景来满足用户的社交需求。比如在 *VRChat* 中，所有玩家可以创建"房间"，通过创建的虚构角色彼此交流，甚至可以玩夺旗、"抢银行"等小游戏，通过外接的 VR 设备，在 *VRChat* 里展示太空漫步，还可以跳舞，如图 6-2 所示。

游戏的本质其实还是社交，一个没有社交的游戏不会有大规模的发展。如果《英雄联盟》、*DOTA2*、《王者荣耀》、*CSGO* 等竞技类游戏内没有"开黑"语音功能，缺乏交流沟通方式，那这类游戏必将使大部分玩家失去兴趣；《魔兽世界》《激战 2》《最终幻想 14》此类 MMO 游戏中玩家之间的社交是游戏发展壮大的基础。我们可以这么理解，玩游戏本身也是一种社交方式。

图 6-2　在 *VRChat* 里展示太空漫步

元宇宙终局猜想

锚定了社交这个起点之后，元宇宙最终的目标又会是什么？是否能让我们摆脱肉身与机器合一，最终保持永远在线的状态呢？

人类一直在探索和"长生不老""永生"相关的话题。苏格拉底认为哲学家能够做到"灵魂不朽"，所以他甘愿赴死。目前科学界将"灵魂""记忆""梦境""信仰"等意识内容解释为大脑神经元的放电活动，但是从内心深处来讲，对于死后的世界你真的没有期望吗？

从中国神话时代开始就流传关于长生不死的传说，赤松子服用"冰玉散"后长生不死，炎帝的小女儿追随他，也得道成了仙；传说彭祖活了 800 岁，孔子对他推崇备至；在古代帝王中，追求"万岁"风气更甚，据记载秦始皇嬴政派遣徐福去外海寻找丹药。此外，道士、普通百姓等相信"长生不死"的也大有人在，太多的人在服药这条道路上枉送生命。

长生不死不仅仅在东方流传，在《圣经》中描述，亚当活了 930 岁。此外，埃及法老认为做成木乃伊就能永生等，这里就不一一列举了。长生不死从古至今只是一件缥缈而神秘的事情。

近代科学教育普及之后，"死后万事休"的思想逐渐被接纳，然而就整个人类历史文明而言，一两百年的时间非常短暂，或许在数千年后这只会被视为一种"科学信念"的偏好而已。

2019 年，英国杂志 *Nature* 曾发表过 21 世纪已知的 7 大抗老技术，包括端粒酶激活、靶向清除衰老细胞等，这是与会的 100 多名顶尖科学家总结的成果。事实上，在科学技术的基础上，仍然有更多的科学家在追求"永生"这条路上不断前进。

"人体冷冻"是一个听起来耳熟的词语，世界上第一位冷冻人贝德福德，他在 1967 年 "死"于胃癌，在真正死亡之前，医学家便为他做了人体冷冻手术！

在中国其实也有接受人体冷冻手术的人。2015 年杜虹接受了人体冷冻手术，科学家将她的头部保存了起来，乐观估计 50 年后可以进行解冻，当然能否复活还是一个未知数。

或许人工智能是帮助人类实现"永生"的最可行途径，雷·库兹韦尔先生的《奇点临近》对未来做出精彩预测，说在二三十年后，人类将通过灵魂机器实现永生。据称，雷·库兹韦尔从 2004 年起，每天都在服用大量的抗衰老药剂以延长寿命，等待永生技术的出现。

我们从中可以获得两个关键的信息点。其一，抗衰老的医疗技术在一定程度上或许能够延长寿命，但还未摆脱生老病死的自然规律。其二，人工智能机器是另外一条道路，如果人类将自身改造成一种智能机器，最终成为可以升级迭代的赛博格人类，这也是一种可行思路。

元宇宙概念的诞生，让我们想到了另外一种可能：灵魂机器是可以创造的，意识是可以迁移的。那么，能否打造出数字神经网络，用于存储意识形态，让人类在虚拟世界中生存，最终实现数字化生存即数字永生呢？

当然这都是猜想，要实现还有很多问题需要先解决，如大脑意识的原理是什么？"意识"如何转化为数字信号？更重要的是，大脑中的意识如何在数字网络中"涌现"出来？

数字永生的尝试

大脑如何产生意识？至今这个问题还停留在理论假设和猜想上，其中有一种"人造数字大脑"的说法非常出名。

2005 年，在著名的"蓝脑计划"中，瑞士科学家亨利·马卡兰想要人工制造出哺乳动物的大脑。4 年后，"蓝脑计划"取得重大突破，他们绘制出一份人脑 3D 神经元活动模拟图，随后获得欧盟与机构赞助的 13 亿欧元，并正式将"蓝脑计划"更名为"人类脑计划"(Human Brain Project，HBP)。

然而"人类脑计划"并没有取得更进一步的研究成果，2018 年这个计划耗费掉所有经费，"人类脑计划"戛然而止。

人类的脑神经网络组织庞大复杂，即使绘制出神经元活动的模拟图，科学家对于意识产生原理与运作规律的研究依然一筹莫展。

当然，科学家不会因此而放弃对人类意识的探索。未来学家玛蒂娜·罗斯布拉特早先提出了这样一个观点，通过一个人在网络中留下的数据，创造人类的数字身体，从而实现"网络永生"。

第一个"数字人类"是美国作家安德鲁·卡普兰，在"AndyBot 计划"中，他的所有资料信息（包括性格描述、语言风格）将以数据的形式存储在网络中，实现在"云上永生"，最终安德鲁·卡普兰将成为全新的数字人类。

在这个计划中，人类将使用计算机等智能设备与"数字安德鲁·卡普兰"进行沟通互动，等他去世很久以后，后世的亲人仍能听到他的"话语"。

当然，实现这个设想也存在诸多障碍，"数字人"是否真的就是现实中的那个"安德鲁·卡普兰"呢？现在的人工智能技术可以做到对人的各个方面进行分析刻画，包括还原其说话方式、语气和行为，甚至在对话上都很难发现破绽。此外，"数字人"在网络中能实现"成长"吗？如果"安德鲁·卡普兰"只是一个能够保留其原有样貌和记忆的数字分身，而无法自我存在，意义又在哪里呢？

数字永生的出路

"数字永生"摆在眼前的有两条出路，第一条路是"人类脑计划"的延续，随着科学技术认知的提高与设备仪器性能的提升，完全复制出人脑神经元网络存在可能；第二条路是对"自我实现"降低要求与难度，比如给智能机器人赋予同等人格。

人的大脑组成不仅仅被基因组决定，还被连接组决定。基因组代表先天因素，从父母遗传而来无法轻易改变；而连接组象征后天因素，是经过无数外界信息塑造而成的。

"连接组"这个概念的出现，为"数字永生"提供了一个新的思路。2010 年，三星集团人脑科学家承现峻在演讲中提出"连接组"的概念，他认为人的大脑可以细化分成很多部分并实现不同的功能，特定的人脑活动会与实验对象的记忆有相同之处，通过这个原理可以复制出某一大脑细分区域的神经元的三维图形，最终实现记忆复制。

当然，复刻记忆涉及近千亿数量的神经元和百万亿数量的神经元连接，要做到记忆还原并非简单的事情，而这仅仅是还原人类意识的第一步，更重要的是后续还要将人类特有的意图、感受和"真实的自我"复制到网络中去，这都是普通人难以想象的事情。

科学家与哲学家只是用不同的方式来解释问题，但问题都需要通过实践来解决，或许最终会回到"我是谁"这个问题的原初。

埃隆·马斯克是科技理念的实践狂人，他在一档节目中宣称："侵入式脑机接口可能将在一年内在人类大脑中完成植入。"人机交互是实现人类云端永生的重要一步，"数字永生"也是人类历史进程中的重大挑战。

随着数字技术的发展，未来人类终将会完成从现实世界向元宇宙的数字化迁徙，并在元宇宙的世界里构建一整套经济和社会体系。

笔者预见的元宇宙是一个人类永生的虚拟世界。将来我们可以自主选择是否在死后将记忆导入生物存储器。元宇宙是另一个网络技术形态，人类的记忆在里面可以开始新的生活，创造新的价值并推动元宇宙系统的更新和迭代。

当然，这或许需要数百年时间，抑或仅仅是一个幻想。元宇宙实现的终极目标，要求脑机接口、AR、VR、AI 等技术高度发达。

元宇宙会是人类实现数字永生的场景吗？虽然存在于幻想当中，但在这条充满冒险与奇幻色彩的途中，"数字人脑""意识复制"在未来元宇宙中将会有值得期待的惊喜。

6.3 元宇宙的博弈结构：从"黑暗森林"走向理想社会

人类现存世界的诸多问题，本质上都是关系的博弈，而元宇宙将从底层逻辑上对"现实社会"进行改造与赋能，这将对人类的关系世界展开全新的延展。

面对未来的元宇宙世界，人们充满了疑问：元宇宙长什么样？需要什么样的基建和构件支撑？是技术还是制度？是平台还是生态？是中心化还是去中心化的？元宇宙到底给我们带来了什么？元宇宙最有价值和最精髓的部分是什么？

很多人都在谈论 VR/AR 和脑机接口的沉浸式体验有多酷炫，谈论 5G 网络有多快、会承载多少新的应用，谈论 Play to Earn、生存的游戏化和社交化有多爽快，其实都是只见树木不见森林，"得其小利、忘其大义"。

元宇宙关系结构中的博弈均衡

多数人关注的是元宇宙的技术特性和局部效果，我们更多关注元宇宙的关系特性和整体效果，元宇宙给人类社会带来的主要价值，不是技术性的，而是关系性的，为何这么说呢？

先说现实社会问题，为什么多数人感觉到不幸福、不自由？现实社会为什么对诸多个体表现得不友好？社会就像一张大网，对很多身处其中的个体呈现的更多是约束性、对抗性，甚至冷漠的一面。

现实社会的低效率和不友好，跟伦理道德、社会制度和人性品质无关，很多时候都是因为底层信息结构和交互关系结构有缺陷、有问题，进而导致在多数场景中的社会关系博弈都以"非合作博弈"进行。局部"占优策略"的选择，结果往往是整体性的"囚徒困境"和福利损失，不论是国家和国家之间的大范围博弈，还是组织内部"办公室政治"的小范围博弈，博弈均衡的演进方向多是负向效率和走向"双输"的局面。

在这种关系结构中，信息和认知难以平权，双方或多方的利益也很难协调。元宇宙是现实社会的有益补充，在信息和关系两个维度中，从底层博弈框架上改变社会博弈结构和人类生存处境，更好地处理个体之间及个体和社会的关系，把效率和公平的协同边界扩展到人类文明的新高度。

从信息结构的角度看，玩家选择策略的基础是信息结构，而现实社会的信息是不完全、不对称和不充分的，这导致所有的决策和选择都是基于信息不完全、恶意揣测、最坏结果假设的概率进行的。

从关系结构的角度看，现实社会的博弈都是从怀疑和不信任开始的，不信任是根本性和长期性的，信任是有条件、有范围和短期性的，只要是非合作的博弈，均衡结果必然不是整体最优的，元宇宙恰好能解决这个问题。

从信息结构和关系结构在博弈过程中相互作用和不断劣化的角度看，为了局部优势最大化，各方都倾向于扩大自己、压缩对方的信息占有，明晰自己、混淆对方的信息真实度，甚至故意制造信息不对称来误导对手，导致博弈环境进一步恶化，这是现实社会的弊端。

只有达成上述的核心共识，才能抓住元宇宙的本质和精髓。

早在"元宇宙"这个概念形成之前，下一代互联网及其形态特征就有广泛的讨论、设想和推演，当时最广为人知的概念叫作"Web 3.0"，虽然名字不同，角度也不一样，但有很多的内涵和思想是相通的。图 6-3 展示的是 Web 3.0 关系图。

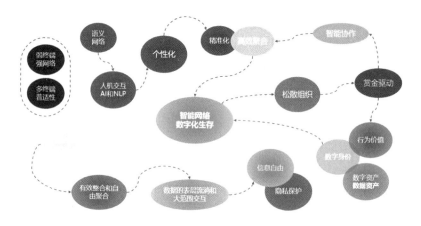

图 6-3　Web 3.0 关系图

元宇宙的内涵可能更加丰富和立体，既然都是服务于人的"数字化生存"，那么单纯地讲"智能网络"就显得有些虚幻、单薄，让人产生疏离感，不如叫元宇宙更有沉浸感，元宇宙有更完整的生态配套、生活形态和存在状态，更像一个生存空间。

在最极致、最理想的元宇宙世界中，现实世界的肉身只不过是一具躯壳——负责吃喝拉撒睡，维持生命正常存在，其他的一切活动，例如娱乐、社交、购物、旅游、工作、学习、恋爱、投资、创作、社会活动和政治投票等全部可以在元宇宙中完成。

当人类社会进入元宇宙阶段之后，新生代的每一个人都会把网络世界当成第一本位宇宙，而现实世界只是附属性的第二配套宇宙，人类所有的现实需求首先通过元宇宙被认知和了解，然后通过元宇宙来连接现实世界的物资，完成现实的供应和交付。

元宇宙与理想社会——七大角度探察元宇宙

接下来，我们从消费和体验的角度、信息结构和博弈框架的角度、人际社交和资源链接的角度、经济系统的供需和协作的角度、货币金融和社区事务治理的角度、个体体验和生命形态协同进化的角度，以及创新创造和文化文明的角度，来展开对"元宇宙"的剖析，读者将看到"元宇宙"相对于"现实社会"的巨大优势和改造赋能作用。

▌消费和体验的角度

不论是 VR/AR，还是脑机接口技术，其本质上是一个 UI/UX 用户界面层，是一个 I/O 输入输出接口层，这里需要硬核技术的支撑和配套，目标是完成"沉浸感"，包括感受输入的"沉浸感"、动作输出的"直观感"、两者之间直接交互作用的"响应感"，以及身临其境的"全真感受"，目前还有很多核心技术需要突破，难度很大，只能逐步逼近，还未完全实现。

然而，界面层并不是元宇宙的核心和精髓，体验好固然好，体验差一点也不会影响到元宇宙本质的内容发展和生态形成。

▌信息结构和博弈框架的角度

信息在博弈框架中不仅是上层关系结构的环境支撑和玩家决策的依赖条件，同时也是一种前提性的资源要素，这种要素在生产和流转过程中，也会受到上层博弈框架的反作用。图 6-4 展示了信息博弈的过程。

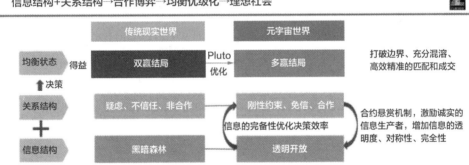

图 6-4　信息博弈的过程

在"非合作"博弈中，存在信息差将处于一种优势地位，"敌明我暗"的目标导向让黑暗森林"更黑暗"；而在元宇宙的"合作"博弈中，根据结果付费的刚性合约激励信息生产者和分享者，越诚实越得益，越分享越受益，越精细越有用，越有用越值钱，信息精准投喂合约相关的预言机缺口很大。

由于事前的信息不透明和事后的结果难以预料，现实社会中个体之间建立信任和良好合作是非常困难的，在这样一种"非合作"博弈框架下，博弈（Game）系统中的玩家（Player）在信息集上都希望"敌明我暗"：探求外部、隐藏自己，虚假展露、延迟决策；在策略集上都倾向"趋利避害"：利益最大化、暴露每一个最小个体在局域信息集下的最优选择。在生态群体的全局上却只能达成整体劣化的占优策略均衡（囚徒困境），形成这种次优均衡结果的根本原因有两个：

第一，决策个体的信息集在空间分布上存在局域限制、在时间演变上存在概率分叉；

第二，个体之间的信息集，缺乏信任工具、不能充分共享、难以良性交互，在多方博弈的环境下，甚至会形成"谁分享被利用、谁暴露先遭殃"的逆向激励效应（类似《三体》的"黑暗森林"理论）。

在现实社会博弈框架下的这种逆向激励效应，导致信息分布进一步走向封闭化、孤岛化，欺瞒、隐藏、诡诈等种种是非由此而生，坦诚合作更加困难，资源优化配置难度增加，经济运转效率降低，在多方多次的动态博弈中，均衡结果不断失衡，整体福利变差。

与现实社会相反的是，在元宇宙和 Web 3.0 的世界里，基于区块链的合约能够建立无须信任却绝对可靠，以"协作和互利"为导向的合作博弈框架（正向激励效应），这种合作博弈框架又会反过来激励信息或者数据的生产者/分享者，进而增加元宇宙世界信息的透明度、完整性和真实性，因为链上智能合约是根据结果/效果事后才付费的，制造虚假信息/欺诈信息没有实际效果和预期收益，不仅浪费精力，还会被系统惩罚；同时，信息质量和决策条件的改善，反过来又有利于各方资源的精准化匹配和互信、互利"双赢合作"的达成。

在这种新型的博弈框架中，每一个个体的最优选择都是"诚实、分享、合作"策略，生态系统整体会达成均衡绩效优化的效果，请注意，这里不是人性变好了，而是博弈框架改变了，好的制度让坏人变好，让好人变得更好！

然而，这样的博弈框架是需要全新的信息基础设施和网络生态的，首先要解决的就是信任和数据产权回归问题，然后才是数据的授权、交易、共享和有序流转的问题。只有回归到数据产权源头，才能解放数据的活性和效率，让数据更有序地流转，更容易地实现价值变现。

表 6-1 剖析了数据的问题和应对策略。

表 6-1 数据的问题和应对策略

数据	问题	应对策略
归属	Web 或 App 为中心：收集数据、控制数据、处理数据、变现数据	用户为中心：生产数据、控制数据、管理数据、授权使用、分享收益
权限	产权、控权、用权，三权错配	产权回归，控权受限，用权分离
分享	拒绝生产，抗拒分享，没用动力	生产越多，分享越多，收益越大
隐私	隐私泄露，脱敏脱密，黑色交易	合法授权，自由交易，清白买卖
保障	复制留存，互相防范，抗拒共享	密文调用，不碰明文，不怕分享
价格	价值变现，不透明，定价难	公开透明，链上可查
透明	价值分配，不信任，交易难	智能合约，保障支付
可信度	中心化存储，随意篡改，缺公信力	去中心存储，不可篡改，有公信力
可靠性	中心控制，隐私泄露，主干网依赖	多节点，分布式传输，隐私保护
维护	大规模数据存储、传输、维护难	内容寻址，自动去重，版本更新
交互	异构化数据，交互困难	结构化数据，互相调用
解耦	必须了解数据的物理结构，才能处理数据	直接处理数据本身，无须关心物理结构

在元宇宙的新型社会里，信息的生产是自发的行为积累、分散分布式和边缘驱动的，信息颗粒度的精细化、标签化和规整化是需求方根据价值导向和合约悬赏机制激励生产者和第三方协作完成的，信息存储、汇集和聚合是基于智能网络的高维穿透性完成充分混溶、精准匹配和高效连接的。而在现实社会中，信息呈现和处理是基于视觉逻辑的平面框架依赖和树状层级展开的，混溶充分性和反应活性很差。

信息的传播和扩散渠道，有聚焦性的媒体平台，也有碎片化的社交网络，还有高度专业和垂直化的次文化圈层和爱好者社群，也有分布式搜索引擎和混溶系统、基于语义网络的信息意义解读器、基于同态加密技术的隐私计算系统、基于智能合约的分布式合约反应发生器、高维穿透性的智能网络系统。图 6-5 是信息/数据产业链的网络结构。

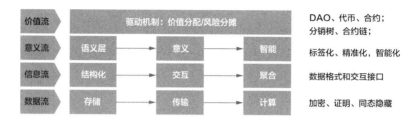

图 6-5　信息/数据产业链的网络结构

其中，第一层是数据的存储、传输和计算等硬件基建，解决数据的物理载体问题；第二层是数据的结构化，便于数据的交互和聚合；第三层是数据语义层，解决数据处理难的问题；第四层是驱动机制，包括数据的确权、授权、共享、交易、流转和价值变现系统，解决数据要素的最优价值分配和风险分摊问题。

这里每一层每一个点都有巨大的创业和投资机遇，很可惜很多人只看到去中心化存储网络方面的投资和布局。

▌人际社交和资源链接的角度

互联网建立链接，区块链促成交易。"元宇宙"需要区块链吗？区块链在"元宇宙"中扮演什么样的角色？为什么有些事情必须且只有区块链才能完成？

信息的链接相对容易，但人和人之间信任的建立、交易的达成和价值的传递很难顺利完成，为什么？因为事前的信息不透明、信息不完全，导致决策难；事后的违约风险无法控制，导致交付难；事中有前后两方面的顾虑，导致交易难。

但区块链上智能合约不可篡改的特性，让交易的一切难题迎刃而解。你不需要在信任还是不信任之间做"艰难的决策"，也不需要考察和尽调交易对手，你可以和任何人做交易，哪怕这个人品德败坏、信用全无、口碑极差。因为链上智能合约是不被任何人控制的，它是根据结果"预言机"自动触发的，只有达成了你想要的结果才会触发支付行为，你不用事前承担任何信任风险。区块链的作用如图 6-6 所示。

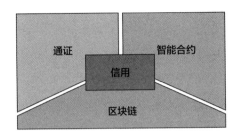

通证/币：不可篡改、不可冻结、不可通胀、有网即可交易、交易即结算
智能合约：机器执行、自动拨付、无须信任、绝对可靠、不可抵赖、无法违约

图 6-6　区块链的作用

互联网和区块链，一个从信息的广度，一个从交易的效度，建立了人和人、人和物、物和物之间，大范围、跨越时空的高效率、极精准的强链接，这是去中心化的、自触发的"智能合约"，把信任的成本和交易的风险降到近乎为零，经济和社会的协作关系、组织的形态，都将发生"核裂变"式的革命和爆炸。

信任的链接和链条，可以通过"智能合约"进行树状裂变分叉（水平方向的众筹、众包、众享）和无穷层级的延伸（垂直方向的锥形传播扩散），这两个维度上的扩张不发生信用的衰减和交易的磨损，根据六度空间理论[1]，项目一定能通过社交关系网络，快速、有效地触达目标资源，完成交易闭环和结果交付。

智能合约虽然后付费，但是可信，只需要约定一个分配方案并且把这个约定做成合约上链。价值传播链上的每一个贡献者都能确权，让外部资源方无风险地被调动起来，项目发起方可以事前无成本地整合资源，一旦达成业务闭环和价值变现，胜利的果实就能自动地按照约定分配到价值链的每一个环节和每一个贡献者。

由于资源可以无风险、大范围地被调动和整合起来，所以决策成本极低，决策效率极高。每一个个体不仅可以挑选和参与各种项目，也可以自己主动发起各种项目，分布式的发现机会、分布式的决策，联动式的协同和整合资源，锥形扩散、快速铺开，精准匹配、高效撮合，整个社会的资源都能被调动起来，不需要伯乐，千里马都有出头机会。人尽其才、物尽其用，不会出现资源的闲置浪费。

1　六度空间理论（Six Degrees of Separation），指通过 6 个中间人，你能够认识任何一个陌生人。

▌经济系统的供需和协作的角度

从生产关系的角度看，现代商品经济从生产资料的占有、使用，到商品的生产、交换、分销和消费的顺向流动，再到价值的反向回流，都是根据要素贡献和风险补偿进行货币性价值分配的。这里有三个流动，分别是信息泛流、商品顺流和价值逆流。

商品的价值实现有两个重要的环节：价值的流通环节和价值的生产环节，在现实世界中，信息和渠道的效率低，大量的成本和风险都浪费在了价值流通环节。而元宇宙的信息效率来源于社交网络的链接强度、信息的精细度和精准度，以及网络的智能化和高维穿透性，价值的流通成本低，你只要用工匠精神做好产品，剩下的可以交给高效的元宇宙，让它帮你传播和变现。

在价值的传播环节，可以举一个例子，比如社交电商项目 Canistore，该项目平台为所有图文类、影音类的内容创作提供 NFT 出版发行和流通变现服务。内容作品的早期消费、鉴赏和传播者，都可以分享到 NFT 版权变现的分红佣金，而且是根据传播链自动触发和分配的，没有信任风险。此外，作为每一个专业品类的 KOL[1]，他们既想要赚钱又不想"粉丝"减少，基于长期利益考虑，他们更愿意去扩散和分享高品质的内容，因为这里还有一个评价分享和品质分筛机制。

在价值的生产环节，关于什么是元宇宙中的高效的 DAO 式协作，*Roblox* 做了一个很好的示范，每个人都是赏金驱动的猎手/专业分包商，你可以不在任何一个组织，也可以在任何一个组织，你可以想在的时候在，不想在的时候就不在，你可以是消费者/玩家，也可以是生产者/设计师/代码贡献者，可以是"水手"，也可以是"船长"。娱乐和游戏就是工作，工作本身也可以游戏化和娱乐化。

▌货币金融和社区治理的角度

元宇宙需要满足人类文明方方面面的需求，将会有多个子生态、子系统，而且每个子生态承担的职能和提供的产品和服务都不一样，资源整合的方式也不一样。

在规范经济学和政治制度学领域，存在着公共事务/公共物品方面的"公共物品"供给不足、"公共地悲剧"（Tragedy of Commons），以及公共事务的"搭便车"（Free Rider）心理现象、多数原则带来"多数人暴政"等问题。在 IT 和互联网行业，也有很多为大众带来福利的非

---

1 KOL 是 Key Opinion Leader 的缩写，关键意见领袖，通常是某行业或领域内的权威人士。

营利性组织（NPO）、开源软件（FOSS）和公共产品（Public Goods），最后往往因为经费日渐匮乏而消失，要么因为无人维护被迫停摆，要么被逼走向变相盈利的归宿；基于区块链的智能合约和预言机，为改善这些局面提供了新的可能性和设计空间。

以太坊联合创始人 Vitalik Buterin 创造性地提出了二次方投票（Quadratic Voting）及二次方支付（Quadratic Payment）的概念和应用，目标是优化人们想要看到/得到的公共物品，而不是纯粹满足富人和集权机构的意志。在公共产品的二次方投票的治理决策中，购票的价格随着数量递增，假设第 1 票只需 1 元、第 2 票需要 2 元……第 n 票需要 n 元，某人想要投 n 票，需要支付 $n^2/2$ 元，这种机制设计，让后期资助人放大了前期贡献者的价值，同时也放大了项目的资金配比，区分了不同关切程度人群的价值权重；部分缓解了"公共地悲剧"问题——没有人愿意为公共物品/项目付出，即使很多人都最终受益于这个公共物品/项目。

二次方投票/二次方支付，是一种设计精巧的折中方案，平衡了"一人一票制"和"一元一票制"，避免了这两种极端投票方式带来的问题。例如"一人一票制"一方面限制了真正关切者的贡献能力，另一方面又可能导致"人多的暴政"，"一元一票制"可能会放大少数富人的影响力而忽视多数人的关切，可能形成"钱多的暴政"。当然二次方机制也有自己的弱点，如"身份伪造攻击"、"勾结合谋攻击"、理性忽视（力量微薄/漠不关心）或者理性胡闹（钉子户问题）。

对于一个长期而不确定的项目，划分阶段性的里程碑事件、采取渐进式的回溯机制，可能更容易减少分歧、达成共识和完成项目启动资金的募集。Optimism 将二次方投票与另一种被称为预测市场的经济技术相结合，提出了 RetroPGF "回溯性公共物品资助（Retroactive Public Goods Funding）"模式。可以设计一套 DAO 协议，基于阶段性的结果进行事后触发及判断（Result Oracle），但分配方案可以事先约定好并写入协议中。人们在一段时间前（例如两年前）就对哪些公共物品是有价值的进行投票，而项目方则通过出售这些延期投票结果的份额预先获得资金。通过购买权益份额，人们既可以为项目提供资金，也可以押注某项目在两年后将被视为成功项目。

Bonding Curve 联合曲线是实现公共物品资助的一种新形式，相对于各种离散价格序列的拍卖模式，它更加丝滑而连贯，提供了更好的透明度和确定性；这种连续曲线上实现的无限、无许可、程序化的公平铸币机制，可以即时响应连续组织（Continuous Organization）的融资需求；如果该项目是一个连续性公共物品，那么预言机就可以直接使用资金来铸造新的代币，资金将自动分配给该项目，实现连续性公共物品的资助（Continuous Common Good Funding）。

在提案和公共事务处理方面，各个公链系统都做出了很有意思的探索和实践：比特币早期挖矿门槛足够低，大众参与很分散，POW 开启了链上民主的先河；EOS 的 1 票 30 投，促进了大户串谋和生态内卷，是一个反面案例；以太坊的精神领袖链下引导+社区票仓链上治理，还有难度炸弹（Difficulty Bomb，区块链术语，指区块产出时间随着难度增加而延长）的设计和预埋，对矿工形成倒逼和威慑机制。另外，对于生态和矿工明显不利的提案也很难获得成功，因为矿工可以选择拒绝"升级"来分叉，这反过来要求，哪怕是精神领袖也不可以滥用权威，必须提出让绝大多数人受益、少数乃至无人受损的 Plato 改进型方案。

很多 DAO 组织都有极具创意的探索和尝试，Dfinity 基于神经元网络的流动民主决策机制也有很多非常不错的构想和设计：专家顾问主导，平民可以直接参与，也可以选择信赖的节点进行票仓跟随。积极参与社区治理事务的神经元节点，不仅能获得政治名誉，还能获得经济奖励，而不负责任、乱投票的神经元治理节点，事后根据提案的效果和评价反馈系统，还会得到相应的惩罚和折扣机制。

区块链+元宇宙，将会诞生新的政治文明和社区治理模式，不仅会很精彩、很好玩，而且有很多玩法具有现实世界玩不出来的高度和水平。区块链创造了新的金融文明，DeFi 就是一个典型的实例：相对于传统的交割合约，基于资金费率的非交割、无须移仓的永续合约；相对于传统世界基于订单薄（Order Book）模型的交易所，基于 AMM 自动做市商模型的 Dex 去中心交易所；基于原子性的无质押、无信任、大额度的闪电贷玩法；基于预言机的合成资产玩法，聚合器收益耕作玩法，这些都是传统 CeFi[1]想都不敢想的。

此外，NFT 是区块链的另一个赛道。Axie 的 Play to Earn 玩赚模式创造了资产复用可能性，Loot 打开了自下而上开放式的、人人编剧的 DAO 协作和故事线分叉叠加的可能性，还有 Canistore 的文创产权社区化传播模式和自动化分筛机制，都是传统产权和游戏世界想象不到、也无法实现的创新玩法。

▎个体体验和生命形态的角度

元宇宙，以信息结构和关系结构为工具，必将带来创新活力的全面激发、生产效率的全面

---

1 CeFi，Centralized Finance，即中心化金融，代指常见的银行、金融机构等。

提升和生产关系的全面变革，每一个个体在"元宇宙世界"新型的生产关系和文明结构中都需要调整身心，重新找到自己的价值定位和存在形态，包括世界认知、道德伦理、文化结构、价值观念、方法论、存在论、思维方式和生活方式的全面调整。同时，也会有很多"思维老化"和"观念陈旧"的人群，因为不适应元宇宙而产生文化冲突和文明质疑。

在可以预见的未来，人类生存必需物资的生产和供应将被人工智能和机器所包揽，社会上将会出现大量的"无用人口"，他们该如何融入社会、创造价值？如何交换生存物资？如何实现人的价值和尊严？

元宇宙是一种什么样的存在？人类究竟又是一种什么样的存在？身体存在于现实世界，灵魂活跃在精神世界，分身交互在数字世界，这三个世界（或者叫三个宇宙）都是相对世界，是"本尊"的投影和承载，并且虚实相生、彼此连接、相互纠缠、交互叠振，演绎生命波动和生存形态。在本质上，人类是以精神性、意识性的存在为主体，以肉身性和物质性的存在为载体。

人类存在于物质世界却活在精神世界中，而元宇宙是精神世界的投影和载体，那么人类就不应该因为担心自己成为"无用人口"而悲戚，反而应该庆幸极致效率的元宇宙将人类从"低端的非创造性劳动"中解放出来。人类从低端的物质约束和物质满足中释放出来，反而可以在元宇宙中去参与更有价值的创造性活动。

人类对于自由和快乐的追求永无止境，精神性文化产品的需求无穷无尽，元宇宙世界提供了没有想象力局限、更加广阔的创新创造空间，何愁"无用"、何虑"失业"？有人担心沉溺虚拟、脱离现实怎么办？你所谓的现实，不过是另一种更高维度的虚拟游戏。人生如戏，游戏不止。人生终将落幕，现实也终将逝去，芸芸众生不是一样把人生当成游戏吗？

如何创新和创造？每个人对于世界必然有独到的领悟。元宇宙是一个更解放的社会形态和生存状态，人类摆脱物质依赖和物欲满足之后，面对真实的、精神性的、更加纯粹的自我。

▎创新创造和文化文明的角度

好的社会形态和环境有利于每一个人的全面、自由和充分发展。如何构建这样的社会形态和环境？元宇宙提供了信息技术和改造变革生产关系的工具。

元宇宙是如何做到的？

元宇宙的世界，没有信息墙，没有社区隔离，没有时空障碍，甚至没有语言和文字的文明鸿沟，有相同或者相似兴趣爱好的人，能在各个细分领域和主题内容中快速、高效地聚合讨论、交流分享、互相刺激和启发，生物多样性和认知多维度能让每一个细分领域在认知的广度和深度上得到充分发展。

元宇宙是一个以个体为中心、行为轨迹自动生成、自主控制的信息结构，信息虽然在高度分散的结构中产生，但摆脱了视觉平面局限，可以高效聚合。个人身份、行为数据、存在数据、数字资产乃至粉丝群体和社会关系，都是可确权、可编程、可组合、可交易、可变现的，都以量子叠加态存在并根据意愿随时处于可调用的开放状态。

这种效率的极致，必将带来文明的大繁荣和文化的新变革，甚至超越上一次文艺复兴给人类文明带来的深远影响！元宇宙有可能带领人类社会进入新的高速发展轨道，甚至进入文明井喷后的"轴心时代"，创造出卓越而璀璨的数字文明。

同时，个体活力的全面解放、资源效率的全面提升，也必将带来资源环境的快速消耗，也可能会加速自然界的破坏和人类的灭亡。这个历史进程谁也无法阻挡，我们除了融入其中、迎接未来、创造辉煌，别无选择。

6.4　医疗世界更容易接受元宇宙

众所周知，元宇宙的初始应用场景大多源于虚拟游戏。在虚拟游戏里，用户可以在一个平行于现实世界的虚拟世界里去打造我们的第二个身份，通过先进的技术集群（VR、AR、区块链、加密货币、分布式存储、云计算和 AI 等）构建一个完整的、闭环的虚拟世界。

不同于单纯的游戏虚拟身份，元宇宙与游戏相比最主要的区别体现在以下几个方面：

1. 元宇宙中的角色是现实世界中的人在虚拟世界中的投影，每个人都可以思考，可以有感情，所有人可以在元宇宙创造属于自己的资产。

2. 有了区块链的加持，元宇宙是去中心化的，NFT 为元宇宙里资产的产生、确权、定价、流转、溯源等环节提供了底层的支持。

3. 元宇宙与现实无缝连接，元宇宙中的资产可以自由地兑换成现实生活中的货币，现实世界和虚拟世界将越来越完好地被连接起来。

基于密码学和区块链技术的元宇宙构建了一个"无限的游戏",让玩家(用户)们可以彻底无限制地自由发展。

元宇宙将会对医疗产生什么样的深刻影响,能否解决医疗存在的某些问题?这是一个值得深刻探讨的方向。医疗经过一个曲折漫长的发展阶段,目前已经进入一个"内卷"期,亟待新的技术手段和"游戏规则"改变当下的"内卷"状态。

虽然目前元宇宙还处于雏形阶段,但是医疗行业对元宇宙充满了无限的向往和期待,元宇宙不是一个和现实世界完全阻断的世界,而是与现实世界相互连通、相互作用的,具有巨大的商业价值。

医疗的世界,人们的欲望更加强烈

由于医疗行业是离"命"近的行业,因此人们的欲望更加强烈。这种欲望伴随着求生或者对自己更高的期望(比如养生、比如长生),所带来的景象也往往是突破性的。

医疗领域的话题由来已久,这种力量源自人类活下去的欲望,而这种本能的欲望特别鼓舞人心:"我们愿意吃下尸体、跳进滚沸的油锅、忍受使用很多水蛭的实验性疗法……这一切,都是为了生存。"

革新者曾经遭受嘲弄和羞辱,病人承受医生的错误诊治而死亡,但是没有那些挑战现状的人,今天的某些医疗成就很可能难以实现。对很多人来说,仅仅拥有健康还远远不够,总有人还想要更多——青春不老、美丽永驻、力量无穷。直到今天还有很多有用甚至古怪的偏方在流行,例如烘干碾碎的各种昆虫并吃掉,我们对其带来的疗效还深信不疑。现在想起来还有点毛骨悚然,或许我们活在几百年前,也会为了改善肤色而高兴地服用含砷的小圆饼。大家知道,直到 1930 年美国才成立 FDA(食品和药品监督管理局),直到 1962 年,法律才开始规范药品产业。

著名物理学家薛定谔提出了生命"以负熵为生"的著名理论,一个生命有机体无时无刻不在生产熵,在增加正熵,同时它们不断趋近熵的最大值,这一缓慢过程最后会到达生命有机体的危险状态,即死亡。如何保持生命状态?从环境中孜孜不倦地汲取负熵恐怕是唯一方法了。一只飞翔的蝴蝶不断拍打着翅膀,抵抗着地心引力,尽管它会越来越趋近于最大熵的状态,在不久的将来可能会化为泥土和粉末,但是在蝴蝶的生命周期中,它始终在借助外界的负熵来对抗它体内正熵的增加。

在生命科学领域能更好地理解元宇宙

宇宙中出现精美有序的负熵——生命，生命的出现具有极大的偶然性。换句话说，出现生命的条件非常苛刻，似乎这一切都像是被精确设计过一样，地球轨道只要稍微改变一点，可能我们繁荣的家园和生物世界就荡然无存。我们生命感知出来的宇宙和相对于真实存在的宇宙肯定还有巨大的差异，我们的意识并不能解读真实的宇宙，可能我们已经生活在"元宇宙"里面，一些解读生命的著作让人感叹世界存在"造物主"，在生命科学领域，我们可能会更加深刻地理解什么是"元宇宙"。

随着科技的发展，整个社会正在进行一场前所未有的变革，移动互联网时代涌现出大量的医疗 App，正在不断挑战传统的医疗世界。有很多著名的 CEO 和科技公司都在投资研究和生命相关的课题，这个课题就是如何让人类永生。有人提出大胆的设想，将人类的信息持续存储在网络空间里面，而实现其意识的永生。在这样的课题下，虚拟社会的人类和现实社会的人类之间的边界将会被擦除，AI 的真实身份可能会是那些死去了 50 年的真实人类的虚拟代理人，虽然他们的肉身早已逝去，但他们还会活灵活现地在社交网络中出现。

虚拟医生：真正做到个体化的医疗

并不是所有人都需要一个电子的虚拟宠物，或者可以生活在游戏世界中，但是每个人肯定都需要有专属的虚拟医生，因为虚拟医生能弥补现实中医生稀缺的短板。

英特尔健康生命科学部总经理埃里克·迪什曼说过，移动医疗将从根本上改变患者和医生之间的社会契约关系。患者拥有更大权利的同时，医生很有可能会抵制将自身权利弱化的改革。他预测未来那些 AI 虚拟医生可以照顾我们，他们全天候关心我们，真正做到个体化的医疗。

随着算法的迭代，虚拟医生将会做得越来越好，因为虚拟医生能真正实现对症下药。高智商的虚拟医生可能离我们还有距离，但是基于远程医疗和人工辅助的模式，目前的医疗环境正在发生改变，比如远程血压和心电监测，已经具有很高的成熟度，具备实用性。思科公司曾经做过调查，比起线下就诊，70%的被访者更加喜欢虚拟医生。随着新冠肺炎疫情的爆发，很多地区的在线问诊率已经超过线下问诊率。在潜移默化中，我们已经走向更加虚拟的医疗世界。

对患者掌握的信息越多，虚拟医生的积极性和主动性就越大。信息密集型的工作都将被自动化，医疗领域尤为如此。谁能最好地解释你的 MRI（磁共振成像）影像资料，到底是一台服务器还是一个真实的医生？持续的在线医疗，会让用户内心的疑问弱化，并不在乎对方是否是一个真实的医生，用户只关心结果。医疗的元宇宙并不是目前 App 功能的堆叠和局部治疗算法的升级，而是基于一个信息生态涌现的新组织架构。医疗的元宇宙也不是在线医疗的升级版，真正需要实现的医疗元宇宙有着极其深刻的内涵。

医疗元宇宙的核心使命：重建当前医患的关系

1914 年，演说家 Mary Schloendorff 因胃部不适到纽约医院治疗，住院几周后，她被诊断患有纤维瘤。医生建议她做手术，但是 Schloendorff 极力反对。不过，Schloendorff 同意在乙醚麻醉下做检查，医生趁此机会给她做手术切除了肿瘤。后来，Schloendorff 的左肢出现了坏疽，并最终导致了几个手指被截。所以，Schloendorff 将纽约医院告上了法庭。

法院认定，在未经原告同意的情况下，医生的行为构成了人身伤害，负责这一案件的大法官本杰明·卡多佐（Benjamin Cardozo）提出了如下观点：每一个心智健全的成年人，均有决定如何处置其身体的权利；外科医生如果没有病人的同意便实施手术，就构成暴行，该医生应对其损害负责。卡多佐的观点也成了知情同意概念中最基本的元素之一，即病人自主权。

知情同意书：患者自主权的崛起

直到 20 世纪 50 年代才出现知情同意书（Informed Consent），此前医生相信要想取得好的治疗效果，不但需要医生的权威，还需要病人的服从。知情同意这一术语第一次出现，是在美国 1957 年的一起案件中。

一个名叫 Martin Salgo 的动脉硬化病人，麻醉过后接受了主动脉造影术检查，醒来发现自己的下肢瘫痪了。Salgo 表示自己在接受检查之前，并不知道存在这种风险，这是医生的疏忽。法院的最终判定结果是：Salgo 的医生有责任告知病人一切与接受推荐治疗相关的事实，以便病人做出明智的选择。负责这一案件的法官 Bray 提出了"知情同意"这一术语。在尊重原则中，除了对患者生命价值的尊重，更主要的其实是尊重患者的医疗自主权。患者在充分知悉相关信息之后，有权就自己的疾病如何处置，做出合乎理性的决定。

"知情同意"的伦理基础在于强调个人自治的不可替代性，即使在事关生死的重大抉择上，也应当给予每个人充分的时间、尊严和机会来自愿做出决定，医疗元宇宙正是伴随患者自主权的崛起而出现的。

▌基于患者"自我认识"的改革

克里希那穆提说过，印度哲学家自我认识很显然是一个永无止境的过程，若想真的认识自己，就必须在行动中、互动关系中觉察自己。你只能在关系互动的过程中，而非孤立退缩的状态里发现自己的真相。关系指的就是你跟社会、妻子、丈夫、兄弟或别人的互动。

随着科技的发展，我们的自我认识正在被环境改变，移动医疗是一个时代的初期尝试，但是传统的 IT 基础设施无法承载这种"自我认识"的改革。2021 年 8 月，谷歌解散其健康部门 Google Health，将其并入其他部门。Google Health 部门事实上早已名存实亡，之前折载沉沙的还有微软的 Health Valaut。

尽管大公司有雄厚的资源，并且和连锁医疗机构签署了合作协议，但还是遇到了作为敏感数据的病历访问的权限控制问题。谷歌在雄心勃勃的阿森松计划中，希望构建一个统一的病历搜索引擎，并且可以更多地基于海量患者数据进行分析统计和人工智能训练。谷歌和阿森松医疗都表示该计划遵守 HIPAA(健康隐私规则)，但是遭到了美国国会和民众的质疑。

未来的医疗一定是以患者为中心的，很多大公司迷信手上的技术能力和权利，认为患者也会和普通电商用户一样受到诱惑。医疗并不仅仅是技术，也不仅仅是消费体验。医疗背后蕴含更多情感的传递，大公司们需要花学费去认知这一点。

The Patient Will See You Now 的作者艾瑞克·托普先生，提到 83%的美国人至死都没有看见自己的病历长什么样，这是一个悲伤的现状，我们因为医患的不信任，浪费了地球上 50%的医疗资源，换句话说，新的和谐关系可以带来成本的极速降低。

▌元宇宙技术催生新的医患关系

医患关系的确是不平等的，仅靠技术是否能弥补鸿沟？如果有一种技术能够解决医患关系，那么我们寄希望于元宇宙，我们通过建立元宇宙这样的高维空间，来解决人类存在的问题。医疗元宇宙世界是对现实世界的一种映射，这种映射不是一对一的信息的映射，而是在高维重塑后再对现实社会的一种反向作用，继而重建现实的关系。

随着科技的进步，我们已经对现实的关系有了新的理解，比如新冠肺炎疫情加速了远程医疗的到来，催生了新的医患关系。我们现在意识到，我们身体的所有数据都可以量化，但是无处安放，因此亟待一个空间让我们能够彻底自主地掌控。

从技术层面掌控比法律文书更加重要，因为未来 80%的疾病治疗流程可能面对的是虚拟医生。比如 AI 将会成为首席治疗医生，我们看不到物化的具体的肉身的医生，绝大部分人可能看到的是虚拟医生，一个在屏幕上有着丰富的表情、独有的个性和带有昵称的 AI 医生，他们背后有强大的云计算引擎支撑，极度聪明且有着"菩萨心肠"，可以伴随人类去征服火星甚至银河系，当我们经过数百年漫长的星际冬眠后醒来，这些 AI 医生会第一时间向我们打招呼，并且几秒钟就给出一份我们的身体监测报告。

AI 医生无微不至的关怀，甚至会比现实中的医生做得还到位，AI 能弥补人类医疗技术的缺失和意识上的冷漠，同时，我们在面对 AI 的时候仍然具有自主权，需要 AI 对我们的生命予以尊重。

▎元宇宙医疗新型关系实现价值突破

在链接资产和价值及能量转移的过程中，我们需要一个能够自治的、由碳基生命和硅基生命都予以妥协的最大公约数的资产，这些资产可能是在我们生命运动的过程中产生的，可能就是数据共享或者分析生成的价值资产。这些资产伴随元宇宙的运动开始产生，即使在产生的过程中被现实世界打压，但它的原始价值仍然存在。

比如元宇宙中数据增值的过程，必然会影响到人们在现实中的生活方式。为了能够在 2157 年缴纳足够的医疗保险，人们会选择通过数据共享来实现资产增值，并自动化纳入当时的医保保障体系，以换取 AI 对人类的服务，否则可能会被 AI 提供一个选项——不贡献者会被发配到一个异域星球去做苦力来获取医疗服务。我们会发现算力可以保障生命，但是我们需要价值交换，因为天下没有免费的午餐。

元宇宙对医生的吸引力，在于医生对自我身份和个人价值的极力追求，这种身份价值和 IP 的积累将与经济系统产生必然联系。医生是未来 AI 算法的推手，他们和工程师一起发布的 AI 算法会按照 NFT 方式发行，就像艺术家发行自己的数字资产一样，他们会珍视在元宇宙发行的每一份资产。

这些数字资产如果配合量子通信技术，很容易实现在宇宙中的超远距离的协作和交易，比如在地球的医生可以为正在仙女座阿尔法星云中遨游的"企业号"宇宙飞船中的某个人提供远程医疗服务，服务的距离可能已经超过了 10 万光年。

医生群体内心在呼唤元宇宙

现在的医生还在挣扎于是否能够彻底实现"自由执业"，这种对身份感的极度追求的本质就是在呼唤元宇宙。

医生的身份和患者的身份在元宇宙中将会被弱化，其对立的状态会被大幅度削弱，他们会形成更加平等的关系。患者借助工具可以积极参与到自己的治疗中，该行为是建立在个人数据确权的基础上的，并且他们本身可能就是医疗项目的贡献者。在一个真正有效的医疗元宇宙中，个人应该具有积极的态度，相比在现实世界中出现的消极和警惕的态度，我们亟待重塑新的社交关系。如果设身处地地分析医患双方，我们就会发现他们各自都有抱怨和遗憾，都会发出"我本意是好的……但是……"的声音。现实中这样尴尬、互不理解的处境是医疗行业用传统经济增值的手段发展带来的后果。

一味追求医疗产值这种动机是有问题的。唐代孙思邈所著的《大医精诚》中体现的人文主义光辉仍然可以照耀现代的医疗元宇宙。书中提及"所以医人不得恃己所长，专心经略财物，但作救苦之心，于冥运道中，自感多福者耳。"[1]

我们很快就会进入碳基生命和硅基共融的世界，元宇宙是必要的元素。医疗的世界不能让元宇宙缺席，在硅基和碳基融合的过程中，在医疗世界里占主流的是什么类型的人？什么类型的人又将逐渐占主流？通过什么途径，这些类型的人被选择、被塑造、被解放、被压制？我们在一定时期、一定社会中所观察到的行为与性格揭示了何种类型的"人性"？

医疗的元宇宙的技术层

HTTP 是一个应用层的协议，规定了互联网中浏览器和服务器之间的通信规范，它指定了客户端可能发送给服务器什么样的消息及得到怎样的响应，然而用户对客户端几乎没有太多的控制权。在医疗元宇宙中，患者是整个医疗行业生态的核心，但其地位与愿景和当前

---

1 《大医精诚》一文出自中国唐代孙思邈所著之《备急千金要方》第一卷，乃是中医学典籍中论述医德的一篇极重要的文献，为习医者所必读。《大医精诚》论述了有关医德的两个问题：第一是精，即要求医者要有精湛的医术，认为医道是"至精至微之事"，习医之人必须"博极医源，精勤不倦"。第二是诚，即要求医者要有高尚的品德修养，以"见彼苦恼，若己有之"感同身受的心，策发"大慈恻隐之心"，进而发愿立誓"普救含灵之苦"，且不得"自逞俊快，邀射名誉"、"恃己所长，经略财物"。

的技术架构是不相容的。

我们已经在使用互联网技术便利地获取各种信息，有的技术已经做得比较完善了，但是在结构上仍然不符合未来医疗的发展趋势。我们观察到，患者对医疗有特殊需求的时候，对于集中式服务商并不满意，并且保持了更多戒备的心理。患者需要存储和掌控自己的"状态"，如果出现网络无法连接的错误，患者将很难保持耐心，哪怕这类错误出现的概率很低。

HTTP 是一种无状态协议，即服务器不保留与客户交易时的任何状态，Cookie 是由 Web 服务器保存在用户浏览器上的小文本文件，而且 Cookie 处于弱状态很容易被清理。可以这样形容，似乎互联网给我们的医疗准备的东西都是"软"的，并且是容易擦除和不稳定的、不受掌控的，医疗恰恰需要"硬核"的东西，IPFS（星际文件系统）提倡的"持久保存人类有价值的数据"，就非常符合医疗的特性。

我们的加密资产将会在一个可信安全的环境中进行交易。没有对产权的保护，就没有繁荣的市场经济，这个最朴素的道理在医疗行业非常受用。我们的资产、身份、NFT、原创的任何知识，包括身体的健康动态值、数字资产等都需要整理和沉淀，并且给予相应的基础设施来完善。

再做个形象的比喻，现在互联网提供的组件就像黄油砖，而真正的医疗系统需要火烧砖。智能合约和虚拟机的出现，将代码和数据很好地封装在一起。古典的"面向对象"，我们认为是强调"逻辑封装"。在 Web 3.0 时代，我们采用区块链的方式做持久层的封装。

为了能够构建完整的应用，需要把这些积木按照"硬核"的方式，自底向上重新设计。Web 3.0 包含了更多的自由和自主性，我们可以按照独立的方式自主发布代码，保持个体医疗系统"容器"的个性化。这种方式在最早的大型主机时代几乎不可能实现，Java 时代我们可能是生活在"假象"中，在区块链时代，医疗系统终于有了属于自己的领地。

在虚拟现实和增强现实的应用领域，我们有了从感官上进入元宇宙的通道。同样，医生也需要这些设备做诊断的辅助，MRI 扫描仅显示大脑的 2D 图像，不显示血管的位置，但每个人的病情不同，因此了解手术前血管的位置非常重要。使用 VR 可以轻松实现这些要求，除了在手术前让患者放心，还能帮助外科医生进行更有效的外科手术。

此外，VR 还用于训练外科医生。加拿大 Aris MD 公司正在开发一种 AR/VR 系统来处理 2D 扫描图像并将其转换为 3D 图像，这些图像在手术期间将覆盖在患者身上。

该技术提供了患者解剖和损伤的"地图"，这样的"地图"可以节省手术时间并减少患者麻醉的时间。我们可以预测，随着科技的发展，我们了解医疗和学习医疗技术的门槛也越来越低，有一些便携的医疗设备已经开始进入社区和家庭，患者将会更多地掌控自身的状况。

结合 VR、AR 和 Web 3.0 的存储技术，我们可以做很多医疗创新领域的事情，我们的训练数据可以不断存储和确权变成自己的数据。

根据国际数据公司（IDC）全球 2019 年增强和虚拟现实消费指南，AR/VR 支出的 5 年复合年增长率（CAGR）将为 78.3%。预计 2023 年全球 AR 和 VR 的支出将达到 1600 亿美元，远高于 2019 年预测的 168 亿美元。在医疗领域，根据 Research&Markets.com 调查显示，AR/VR 医疗正在经历大幅度的提升，预期其复合年增长率为 33.36%，市场价值预计将从 2018 年的 6.217 亿美元增至 2024 年的 34.97 亿美元。医疗云存储将会变成世界上最大的存储需求，谷歌公司尝试过分析果蝇的图像，这些图像大约有 2700 万张，存储大约需要 1PB 的容量。人体的结构远比果蝇复杂，单个人体图像储存所需的容量是果蝇的 100 万倍。传统的存储架构不能满足医疗元宇宙的海量数据存储需求，只有去中心化的分布式存储架构，才能满足医疗元宇宙的存储需求。

"科幻小说之父"儒勒·凡尔纳（Jules Verne）曾说过，"但凡人能想象之事，必有人能将其实现。"我们想到的元宇宙的任何技术场景，绝大部分都可以实现，但是实现元宇宙涉及很多技术领域，尤其医疗元宇宙将会遇到最大的挑战。在面临挑战之前，我们意识到这不仅是一个技术问题，还需要构建一个与之匹配的技术生态，这个技术生态，已经超越了公司的架构。元宇宙技术架构的最佳实践切入点是区块链技术生态，区块链不只是一种技术，还需要匹配相应的文化。区块链更加符合"集市"文化，这种平行、对等、扁平化的开发方式，结构松散、来去自由，就像是一个乱糟糟的集市。我们手机当前用的 Android 系统和 iOS 最先也来自开源的架构。

我们努力到现在，仍然没有改变软件工业的竞争白热化，特别是医疗行业软件，因为涉及接下来重点关注的用户隐私安全，商品化软件可能更加容易藏污纳垢。通过我们的长期观察，商品化软件其实是非常脆弱的，因为根本上没有一个很好的"反脆弱模型"，内卷化的开发并不在乎安全，可能优先考虑的是基本功能的实现。为了破解这个问题，我们需要在医疗行业建立一个集市文化的典范，但是这个集市并不是上一代人的"集市"，我们称之为"新集市时代"。

在新集市时代，我们有一个全新的激励架构，这是由区块链驱动的，系统中每一个个体建立起一种具备自我纠错能力的秩序，这种秩序比任何集中式规划都要精妙和高效。新集市时代饱含了我们新一代程序员的热血和梦想，也有比较务实的激励策略。无论如何我们相信，这一代程序员会更多地改变这个世界。

医疗元宇宙的资产

钱不是万能的，我们的资产需要受到更多的关注。未来的社会将会很难负担我们的医疗和生活开支，我们需要构建一个资产循环。随着区块链技术的发展，NFT 市场对我们有所启发——医疗元宇宙和纯粹的数字艺术和游戏既有相似之处也有区别。

医疗元宇宙更加强调从元宇宙回溯到影响现实的生产关系；游戏元宇宙的 NFT 和医疗元宇宙的 NFT 相似之处在于通过 NFT 对身份、所有权、资产等进行加密保护。医疗元宇宙在商业模式设计中更加复杂，如果希望 NFT 能够对目前医疗生产关系产生推动作用，就需要围绕医疗元宇宙配备一个新的商业模式，单纯的医疗 NFT 技术将无法发挥出应有的作用。即使目前有非常成熟的 NFT 交易市场，对于医疗的现状改变暂时也是微小的。比如，老龄化对于医疗是一个巨大的挑战，这就需要考虑资产能否持久的问题。

全球化进程和科学技术发展改变了我们的生活方式和工作方式，寿命的延长也会给我们的生活方式和工作方式带来改变。现代医疗技术极大地延长了我们的寿命，公共卫生、教育与政策等因素是寿命增长的关键因素。

谷歌工程总监雷·库兹韦尔描述了人类通向 300 岁的关键桥梁。第一座桥梁是遵循最佳医疗建议，从即将到来的生物科学革命搭建的第二座桥梁获益，然后再到第三座桥梁，它能使我们老化的身体进行分子水平重建。

届时生命的自然极限比现在要高出一个数量级。在过去 200 年里，每隔十年，人类的预期寿命将会增加 2 岁，如果你现在 60 岁，则大概率可以活到 90 岁或者 90 岁以上。维持健康是人类永恒的话题，如果缺乏健康，我们的事业和财务支撑都不能长久。此后，固有的三阶段人生（受教育、就业、退休）将通过与"元宇宙"的结合被弱化，我们会经历更加漫长且多阶段的人生。

医疗元宇宙将改变我们的生活方式，我们将被动式的医疗变成"再创造"的医疗。

当生命变长，是什么将一个人经历的转变连接起来？是什么使你仍然是你？我们在过去几十年里始终有"代际"的概念，就像给人贴了标签，比如有人经常这样判断一个人：那是一个退休的人、这个人还没参加工作而且还是学生。以前我们不必有意识地考虑、积极应对如此多明显的变化，也不需要培养应对变迁的能力。我们现在需要考虑"我是谁"、如何构建我们的生活，以及如何映射出我们的身份和价值观。我们对未来生活方式的展望，很多基于过去的经验，这种方式是明显有问题的，如果没有以一个变化的思维看未来，我们看到的未来是扭曲的。我们对未来的错误判断会让我们的人生陷入困境和迷茫之中，因此不能割裂地看待未来的变化，经济、金融、心理、社会、医疗将会综合起来影响我们的健康和寿命。

接下来一个严峻的社会问题挑战就是我们将面临老年人医疗费用越来越高，以及和衰老相关的慢性疾病（糖尿病、肝硬化、骨质疏松）的困扰，能否健康地变老是我们的人生挑战。

医疗元宇宙想要最大程度地把长寿变成礼物，我们看到了一种技术上的可能性，将这个礼物落地——一方面来自人工智能和医疗生物科技等，一方面来自区块链技术。

区块链技术将在漫长的人生中延续各种资产。医疗元宇宙需要在区块链上记录并呈现各种各样的资产。这些资产无疑是属于个人的，资产的共享方式采用私钥签名的方式。目前大部分商业模式并没有呈现出以个人健康数据资产为核心的生态，这正是我们未来的机遇。

6.5　镜像，还是孪生——现实与虚拟世界的桥梁

数字孪生（Digital Twin）与元宇宙，可谓是一对互为镜像或同源孪生的概念，一个用虚拟形态映射现实，一个从现实脱胎指向虚拟。

数字孪生是物理实体在数字世界的孪生，相较于元宇宙，其强调的是虚拟世界与现实世界的一致性。早在 2000 年，数字孪生就已经被应用在智能制造中。工程师先在虚拟空间进行汽车、飞机上复杂配件的设计和装配，在虚拟世界调试后，再运用到现实世界的生产中。由于具备这种强大的功能，数字孪生被广泛应用到智慧城市、教育、医学研究等多个领域。

那么，数字孪生在元宇宙中扮演着什么角色？数字孪生缘起于工业，遵循现实世界的同一性规律，在现实世界的生产、生活的优化与效率提升方面发挥着巨大的推助作用，因此被认为是一种综合性的生产技术或生产方式，而元宇宙是一种由多种技术综合而成的整体终端应用形态。在现实与虚拟的通路上，数字孪生是链接现实世界与虚拟世界的桥梁，是元宇宙与虚拟情境的技术按钮，帮助人们迎来和谐的虚实共生时代。

数字孪生链接虚拟世界

2021 年 8 月 12 日，在计算机图形学顶级年会 SIGGRAPH 2021 上，英伟达公司播放了一个纪录片，展示了其在 2021 年 4 月的新产品发布会上，使用数字孪生技术构建的该公司 CEO 黄仁勋的虚拟人物形象。

人们可能怎么也想不到，在视频中慷慨激昂演讲的黄仁勋并不是真人！视频中的人物角色做到了以假乱真，这段纪录片因此也激起千层浪，在平静许久的 IT 界引起轩然大波。若非英伟达公开资料，或许观众将一直"蒙在鼓里"，说明数字孪生技术已经达到了"以假乱真"的水平。

或许大多数人已经意识到了，这个世界将再次被科技彻底改变。作为 21 世纪最硬核的技术之一，数字孪生让不少人感到费解，本节将从数字孪生的概念、发展历史、应用场景、元宇宙与数字孪生的关系这几个方面来帮助大家理解数字孪生。

▌数字孪生的概念

数字孪生的魅力，用英伟达的"虚拟黄仁勋"案例来说明，或许再适合不过。为了"欺骗"全世界，英伟达借助黑科技"瞒天过海"。为了实现"虚拟黄仁勋"演示，公司动用了上百部照相机对黄仁勋进行全方位无死角拍摄，获得了几千张照片，然后构建了黄仁勋的 3D 数字模型。

3D 模型在生活中广泛应用，早已不"新鲜"，本次视频的关键在于英伟达在 3D 建模中"画龙点睛"，加入了黑科技配方——数字孪生技术。同时，英伟达使用最新的 Audio2Face 人工智能算法，同步虚拟黄仁勋的语音演讲与面部表情；再利用动作捕捉技术捕捉临时演员的肢体动作，将动作与"虚拟黄仁勋"用人工智能算法进行连接；最后使用元宇宙平台 Omniverse 对"虚拟黄仁勋"进行实时光线追踪、移动视角、调整光线等操作，完成了黄仁勋的数字孪生模型。

根据迈克尔·格里夫斯在《智能制造之虚拟完美模型》中的定义，数字孪生可以被理解为一个物理产品的数字化、虚拟化表达，在虚拟世界中模拟现实世界可能发生的情况，以达到增强现实和虚拟现实的目的。在落地过程中，数字孪生充分利用物理模型、传感器更新、运行历史等数据，集成多学科、多物理量、多尺度、多概率的仿真过程，在虚拟空间中完成映射，从而反映相对应的实体装备的全生命周期过程。

从另一个角度来说，数字孪生就是利用信息技术，在计算机虚拟数字空间中重塑物理世界的真实运行状态。

要构建一个数字孪生世界，可以不遵从牛顿定律。因为在数字孪生的世界里，没有引力、没有重力，也没有时空的界限。在数字世界里，我们就像拥有了超能力的魔法师，可以瞬间回到过去，也可以顷刻间跨越到地球的另外一端。不受现实的困扰，让我们不自觉地实现了"彻底自由"！比如我们复刻某个现实中会议室的场景，这是一个现实会议室的孪生世界，通过时间轴就能回溯房间的样子、与会人员，甚至当时的空调温度……

借由数字孪生，我们也能够预测未来。比如，假设一个房间即将挤满参会人员，那么它的温度将是多少？空调应该开多少度？灯光会不会被遮挡？这些问题都能用数字孪生技术进行模拟实操，而后得到准确的答案。

▍数字孪生发展的四个阶段

一项科技的成熟，都会历经无数次更新迭代和递进发展的过程，区块链、人工智能、大数据等当下炙手可热的前沿科技莫不如此，数字孪生技术也不例外。"孪生"的概念起源得追溯到美国的"阿波罗计划"，20 世纪六七十年代。当时 NASA（美国国家航空航天局）建造的航天飞行器并非只有一个，除了发射到太空中的"阿波罗 1 号"，还有一个相同的飞行器留在了实验室，用于分析、测试和处理太空中可能出现的紧急事件。

数字孪生的完整概念出现在 2003 年美国 Grieves 教授的一门产品全生命周期管理课程上。但是，当时"Digital Twin"一词还未被正式提出，Grieves 将这一设想称为生命周期管理——Conceptual Ideal for PLM（Product Lifecycle Management）。PLM 的示意图如图 6-7 所示。现如今该设想中的数字孪生基本思想已经有所体现，在虚拟空间构建的数字模型与物理实体交互映射，数字孪生忠实地描述物理实体全生命周期的运行轨迹。

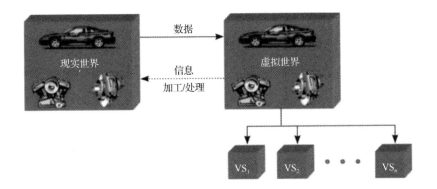

图 6-7 PLM 的示意图

数字孪生概念从提出到实际应用大约经历了 10 年时间，最早应用于工业制造领域，在生产中起到了物理和信息两个世界的桥梁和纽带作用。数字孪生发展历程分为四个阶段：

1. 1970—2000 年，是数字孪生的技术准备期，主要是指 CAD/CAE 建模仿真、传统系统工程等预先技术的准备。

1980 年前后，以 CATIA 为代表的三维设计软件诞生。CATIA 是法国达索公司开发的用于三维建模的软件，支持制造厂商用模型设计未来的产品，现如今依然活跃在市场上，人们生活中的很多常见物品都基于三维建模所创造。

CATIA 将产品设计从 2D 升级到 3D，带来了"所见即所得"的技术，从尺寸、材质、外观上近乎真实地表达产品的外观，三维建模阶段的"数字孪生"主要是外观上的"孪生"，通过聚类分析，提高零部件标准化水平，从而降低维护与制造成本，在提升产品质量的同时也提高了经济效益。

20 世纪 90 年代，"数字孪生"步入数字样机阶段，数字产品不仅承载了产品的几何外观展示，还成了创成式设计的基础，帮助厂商进行优化设计，进一步提升产能。

2. 2002—2010 年，是数字孪生的概念产生期，在此期间，出现了数字孪生模型，确定了术语名称。这段时间，数字孪生概念中的预先技术进入成熟期。我国国防科技工业与装备研制工作中广泛使用"预先研究"这一概念，2000 年出版的《中国航空百科词典》将"预先研究"定义为"在产品立项研制之前，所进行的全部系统的、创造性的科研工作的总称"，英语为 R&D before advanced development。这个时期的数字孪生出现了仿真驱动设计、模型驱动的系统工程（MBSE）等先进设计范式，通过计算机建立完全真实的虚拟世界，通过数字化的仿真可以极大降低研发的成本。MBSE 的示意图如图 6-8 所示。

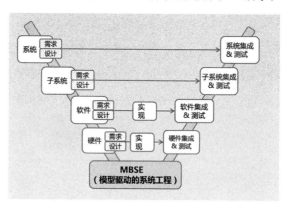

图 6-8　MBSE 的示意图

3. 2010—2020 年，是数字孪生的实际应用期，主要指美国航空航天局（NASA）和波音、GE、通用电气、西门子等公司在制造业中的实际应用。而这段时间正是物联网、大数据、云计算、人工智能、区块链等新兴技术崭露头角之际，数字孪生快速与这些技术进行融合与创新。

4. 2020 年之后，是数字孪生技术的深度开发和大规模扩展应用期。目前，数字孪生已经在环保、航空航天、电力、汽车、医疗、健康、船舶等领域得到广泛应用，自此，数字孪生技术迅速传播开来。

▌数字孪生的应用场景

数字孪生从 PLM 模型提出到各个领域渗透，最突出的特征就是用数字化纽带贯穿了产品的全部生命周期，从产品设计开始，辅助生产与运维。典型性的数字孪生应用场景包括工业与制造行业、智慧城市与家庭服务等。

1. 工业与制造行业

任何一款产品的诞生都需要经过预先设计与产品测试，再进入生产流程。在传统制造业中，预先设计就是"样品"，需要耗费原材料、人工与时间。利用数字孪生技术可以实现在虚拟空间里进行预先设计与产品测试，既提高了效率，生产流程也更加科学，分析数据可以进一步优化产品性能和生产效率。

前面提到的英伟达用数字孪生等技术搭建的元宇宙平台 Omniverse，已经在为宝马公司提供服务，利用数字孪生技术创造一个完美的模拟环境，宝马的规划流程被彻底改变。

数字孪生被形象地称为"数字化双胞胎"，能从构想、设计、测试、仿真、生产线、厂房规划等环节，虚拟和判断出生产或规划中所有的工艺流程，以及可能出现的矛盾与缺陷，事先进行仿真设计能大幅度缩短方案设计及安装调试的时间，从而加快交付周期。

著名的啤酒厂商百威英博进行了数字化改革，在生产流程中与微软合作，利用数字孪生搭建了一个数字模型——"数字啤酒厂"，这个数字模型可以实时同步地反应物理环境的变化，映射出各种天然成分和酿造过程之间的复杂关系，帮助酿酒师精准调控生产流程，实时了解啤酒的质量和状态参数，并为生产设备的正常运行保驾护航。

数字孪生也深入航天领域的改革。利用数字孪生模拟飞机相关参数，将飞行温度、气压、能见度、油箱、乘客数量、飞机载重、飞机的航道设定、飞机起飞的时机与高度、飞机经过气流颠簸时的倾斜角度等非常多的数据传输到虚拟计算平台，而平台会根据真实飞机提供的数据来进行模拟飞行，通过这个来判断此次飞行的安全性等。

2019 年 3 月，波音 737 MAX 8 客机坠毁，导致机上 157 名乘客全部遇难，而这架失事飞机仅交付 4 个月。此前，印尼一架波音 737 客机坠毁也导致 189 人丧生，波音同一型号的飞机半年内发生两次坠毁事故，让波音不得不进行改革。2021 年，波音公司启动了全面的数字孪生体建设任务，并发布了《波音 DSM 和数字孪生体白皮书》。

按照白皮书介绍，数字系统模型（DSM，Digital System Model）为产品标定的数字替代品，为数据驱动的决策提供一定精度的持续、权威的可信来源。"数字孪生"（Digital Twin）则是物理系统或流程特定实例和行为的虚拟表示，它能让物理系统或流程运行周期的性能优化。

在工业 4.0 时代，数字孪生成为企业转型的必选方案之一。国际数据公司（IDC）数据显示，目前接近半数的大型制造厂商愿意使用数字孪生技术为其生产过程进行仿真建模。未来，数字孪生的应用领域也将从智能制造等工业化领域向智慧城市、数字虚拟空间等数字化领域拓展。

2.　智慧城市

英伟达打造的 Omniverse 是工业元宇宙平台，而在中国智慧城市建设中也诞生了由中国国内头部数字孪生企业孪数科技打造的元宇宙数字城市平台——QuantumCity（量子城）。QuantumCity 基于孪数科技 Twinverse 数字孪生平台，主要面向智慧城市解决方案集成商、大数据服务商及政府管理人员打造数字城市三维底板，人们可根据需求自由创建三维数字孪生城市，接入规划、建设、管理、应急管理各类动态、静态数据及 AI 算法。这样一来，城市真的就拥有"智慧大脑"了。图 6-9 为 QuantumCity 模型。

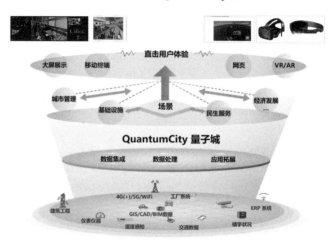

图 6-9　QuantumCity 模型

不仅如此，数字孪生技术还是实现"智慧"的载体。目前，数字孪生体已经从工业制造领域延伸拓展至智慧城市打造，更加贴近民生，也深刻影响着城市规划、建设、管理与发展。图 6-10 为 QuantumCity 智慧城市的社会治安防控体系。

图 6-10　QuantumCity 智慧城市的社会治安防控体系

QuantumCity 智慧城市拥有众多优势，能够解决传统城市管理模式的诸多痛点，表 6-2 展示了城市传统管理模式的痛点与 QuantumCity 智慧城市的优势。

表 6-2　城市传统管理模式的痛点与 QuantumCity 智慧城市的优势

城市传统管理模式的痛点		Quantucity 智慧城市的优势	
数据种类多、体量大	各系统、机构信息独立分散，数据量庞大，多源异构数据处理难度大，综合利用率低，职能部门之间的沟通成本高昂，导致协同能力薄弱	全要素一站管理	融合跨系统、多机构的数据，一站式清晰直观地管理多源异构数据，让数据"活"在城市管理的各个环节
平面化管理、智慧化能力不足	整体运维停留在二维平面化，空间感知也比较差	立体化动态感知、智能决策	IoT、5G、AI 等前沿技术，实时感知城市动态数据、智能决策，各职能部门信息共享，三维可视化运营
动态仿真能力不足、试错成本高	城市规划阶段，缺少精准有效的模拟仿真能力，无法预估潜在的负面影响，在建设阶段发现问题时纠错成本巨大	模拟仿真、防患于未然	拟仿真能力帮助管理部门在城市规划阶段，精准仿真，预估潜在风险，提前完善并制定应急预案

资料来源：孪数科技（DIGITWIN）官网

利用 QuantumCity 智慧城市系统，能够实时对道路进行监控，并提前分析出道路拥堵情况，发布预告及时疏导车辆，引导车主选择更合理便捷的路线，缓解城市交通拥堵的情况。比如对容易拥堵的高架桥进行监控，通过分析大量的监控器画面，实时监测车辆运行状态，甚至可远程调控通行的车辆，以满足不同时段的交通需求，QuantumCity 智慧城市：交通大脑如图 6-11 所示。

图 6-11　QuantumCity 智慧城市：交通大脑

智慧城市的趋势是全球化的，欧洲的巴塞罗那也是一座具备远见卓识的工程建筑和设计方法的大城市，低碳出行、智能教育、智能交通等新型城市的构建理念都是值得我们学习的。其智能交通对道上驾驶给予指示，对交通指示灯开展智能化更新改造，乃至公交站都选用互动式触摸屏，供人们查看信息内容。巴塞罗那的街景如图 6-12 所示。

图 6-12　巴塞罗那的街景

通过对大数据的收集，可利用数字孪生技术把城市的数字模型构建出来。实现物理城市与数字城市之间实时交互的融合机制，进而搭建起可知可感、动态仿真的数据，最终全面反映出实体社会的全生命周期。

智慧城市是未来城市的构想，如今正从衣食住行、教育、医疗、就业等方面进行改善，将来"服务"是一座城市的职能，数字孪生已然成为城市发展的必要技术手段。

3. 家庭服务

基于数字孪生，每一个人都可能拥有另外一个一模一样的自己——数字孪生体，数字孪生实现的是物理实体空间中的现实事物在虚拟空间的精确映射，同样也包括人体的各项健康数据。

在未来的家庭生活中，数字孪生将迅速普及，家庭成员尤其是老人和小孩的状态将被实时监控，通过大量的传感器上传到云端或者边缘计算设备中，再通过人工智能芯片进行分析，最终形成数字孪生体，实时监测家庭成员的健康状态，并进行行为预警，实现对家庭更加智能的精细化管理。

数字孪生生态圈

从来没有一种技术能够单独存在并发展，数字孪生也不会以一种技术或者一种行业解决方案、商业模式的形式出现在大众视野中，数字孪生是一个开放、协作的生态圈。数字孪生生态圈包括物理层、数据层、模型层和功能层。

其中，物理层是基础。物理层即终端实体层面，比如高通、台积电、英特尔、SIS、VIA、AMD、三星、英伟达等公司提供的芯片，通用、意法半导体、MEAS、飞利浦、霍尼韦尔、凯勒、艾默生、雷泰、西门子等公司提供的传感器，海康威视、大华等公司提供的监控设备。

数据层实现包括采集、传输与计算处理等功能。数据收集一般通过 DCS（Distributed Control System，分布式控制系统）来实现，数字孪生是物理世界的映射，由于现实世界是动态的，所以数字孪生模型也是动态的，数据收集、处理与分析将有更高的需求。

模型层是核心关键，根据数据建设数字孪生模型，从而实现仿真与控制。模型包括可视化模型、算法模型和数据模型等。

功能层是最终目标，主要用于描述、诊断、预测、决策等最终的目标实现。比如达索 3D Experience、西门子 Mockup、PTC Creo View 等软件能提供的三维模型浏览功能，为业务和生态提供实时视图。

这四个层次的模块共同构建出了完善的数字孪生生态系统，现在有的应用已经体现在智慧城市、智慧工厂、车联网、智慧医疗、智慧园区等诸多领域。

数字孪生未来的应用将不只局限于智慧城市、智慧工业、环保、农业等领域，利用空间计算能力和 AI 技术将空间、场景、数据和用户连接起来，形成现实世界和虚拟世界结合的交界面，不仅可以支持机器人、汽车、AR/VR 头显等各种应用，还可以为未来城市空间中的社交、娱乐、信息获取等场景应用提供底层支持。

数字时代背景下的数字孪生与元宇宙

通过上述数字孪生在工业制造业、城市以及家庭服务方面的应用，其实不难发现数字孪生是推动整个社会数字化进程的关键技术，工业制造业数字化转型、数字智慧城市打造、数字化生存等各个方面都预示着人类数字化是不可逆的进程。

▍数字化不可逆

打车平台系统创造了人与车的数字孪生体，数据的来源是人们使用的终端设备——手机，人与车的位置信息及状态通过终端上传，然后经系统分析匹配，在这个过程中人与车其实存在于数字虚拟空间内。最终的结果是出租车行业被数字化。

影响匹配的精准程度的关键是数据，数据量越大，AI 学习的程度就越深；数据越完善，匹配程度越精准。人、车与道路的实时动态通过数字孪生体模拟真实情况，接入交通流量系统，以便能做出最优的匹配，从而实现更好的资源配置。

从"十三五"到"十四五"，发展"数字经济"、建设"数字中国"一直都是重中之重。在2021 年结束的"两会"上，数字化被再度提出，这是"数字经济"从 2017 年至 2021 年第4 次被写入政府工作报告中。

"烟囱林立"的传统 IT 时代，行业之间数据孤岛现象严重，最终导致资源重复浪费，而数字化时代则意味着数据被集中有序地处理、分析和分享，更高效、透明。打车软件用数字化手段降低了出租车的空驶率，且缩短了等车时间，精细化地监控、度量和控制出租车的服务水平。数字化是破解出租车行业难题的"破壁机"，同时这也是不可逆的模式改革。

▍现实世界与虚拟世界交叠的时代

人类的生存方式不断地被数字化改造，数字孪生、云计算、AI、IoT（物联网）、区块链、5G、大数据等技术推动着整个社会的数字化转型。数字化带来的不仅是更加高效便捷的生活，也是人类对自身认知的扩展与延伸，现实世界已经不能完全满足精神需求，虚拟世界与现实世界的隔阂最终将被打破，元宇宙就是现实世界与虚拟世界交叠的结果。

在这个趋势下，理解"数字化"显得尤其重要。数字化的本质是在现实之外出现了数字空间，我们的行为活动与资源物体都逐渐迁移到数字空间里，数字空间和现实空间有不同的物理规律，且所有的行业都会被重置。而且现实空间终将受到地理位置的限制，数字空间则越来越广阔。

元宇宙诞生于数字世界，只有在高度数字化的世界里才能进行元宇宙内容创作。元宇宙与数字孪生息息相关，二者之间互相推动、协同发展。数字孪生是在虚拟空间中与数字化物体进行交互的第一步，基于数字孪生，我们可以在真正创作出"元宇宙"之前，提前进行研究和修改。

当然，创造一个巨大的元宇宙才是最终目标。在元宇宙中，用户可以在多个虚拟世界之间随意游览，从 Roblox 游戏平台自由穿梭到 Snap 增强现实平台，再从 Pokemon Go 跳转到 Oculus 的虚拟现实体验，但这个愿景的实现仍存在一些瓶颈。

人类的想象力是无边际的，元宇宙也拥有无限的空间。在《头号玩家》中，哈利迪将宇宙、星球、微观世界全都纳入图书馆中，更是将电影中的场景植入到"绿洲"的场景中。更强大的数字内容生产能力，是完善元宇宙建设的关键。

《数字孪生》一书指出，数字孪生是一场新生产要素的革命，从历史发展的角度来看，人类社会的任何一次生产要素的革命与变化都将引发生产资料与生产模式的变化，从而带动整个社会及经济方式发生改变。

随着万物互联和数字化的深入，虚拟现实和可视化的手段将成为未来数字化基础设施管理的一个必需品。数字孪生作为实现虚拟世界与现实世界实时互动的重要技术，与国民经济各产业融合不断深化，有力推动着各产业数字化、网络化、智能化发展的进程，是未来数字化社会建设的强支撑，是提供数字内容的主要生产力。

数字孪生是元宇宙认知起点

活生生的数字孪生应用场景，以及英伟达元宇宙平台 Omniverse 带给我们的震撼，体现了数字孪生是目前人们对元宇宙最具体的认知。通过"数字孪生"模拟出数字孪生体，人们在办公室或家里就能实现对千万里之外的实体进行观测与控制，这是对虚拟世界控制的基本认知和条件。

当数字孪生体被喂养了海量的真实数据之后，便可以还原过去与预测未来动向，超脱时间与空间的限制，或许也能脱离现实而独立存在。

元宇宙从未来伸出了一根根触手，数字孪生只是其众多触手之一，如何从触手还原整体，还需要其他技术来共同实现。数字孪生关注当下，元宇宙指向未来。

元宇宙与数字孪生的未来

数字化对人们的生活带来的变革是显而易见的。用户量达到 5000 万需要多久呢？据 Visual Capitalist 的一份数据显示，飞机与电话等产品平均用时在 55 年以上，手机、电脑、电视机等用时在 20 年左右，互联网时代的应用，平均用时在 1 年左右，Facebook、微信和 VR 游戏 *Pokemon Go*，分别用时 3 年、1 年和 19 天。

一旦互联网基础设施在全球构建完成，基于互联网的众多创新软件和平台的用户，将呈现出指数级的增长。

早年的伟大发明，如飞机、汽车为人类的出行带来了革命式的改变，但这类需要原材料的产品只能以生产实物的方式传播：需要巨大的资本投入以开建工厂、生产线，并雇佣劳动力进行生产，还有冗长的市场推广、销售、售后服务等商业链条。即便产品再有革命性和不可或缺性，这种依靠原子构成且必须遵循物理守恒定律的产品，也需要花数十年才能被广泛应用。

而在数字时代，一款受欢迎的产品常常不需要通过实物生产就能呈现。有时只需要生成一段代码，以接近于零的边际成本进行无限复制，就能像病毒一样蔓延传播开来，通过"网络效应"，实现指数式传播。梅特卡夫定律（Metcalfe Law）指出，网络效应与系统连接用户数的平方（n^2）成正比。如图 6-13 所示。

图 6-13　梅特卡夫定律的网络价值为 $n(n-1)$，当 n 足够大时，约等于 n^2

数字化时代的产品在网络效应下将以最快的速度获得预期的用户，数字孪生将产品创新、设计、制造等环节提升至新的高度，换言之，数字孪生技术可以更好地为数字产品服务，实现"网络效应"。

那么大量的用户去往哪里？没有比元宇宙更适合的数字化场景。而数字孪生在元宇宙中发挥的关键作用，在未来的元宇宙生态中将日渐凸显。

6.6　元宇宙创建及持续发展的原动力：Web 3.0

由于元宇宙软硬件等各项支撑技术尚未成熟，基础设施还未完善，因此其发展过程注定是相对漫长的。而伴随着区块链、物联网、5G、人工智能、人机交互等技术进步，人类正在不可阻挡地踏入 Web 3.0 阶段。在这个阶段，Web 3.0 与元宇宙将进入"跑马圈地"的融合初始阶段。

最重要的是，元宇宙是多方共建的综合生态，其核心的内容载体是数据——人们在元宇宙上的交互，本质上是数据之间的交互，因此数据的存储显得至关重要。分布式、去中心化的元宇宙会导致数据的多方存储和分布式存储。Web 3.0 则是分布式存储的上层建筑，是我们在探讨元宇宙过程中绕不过去的硬核科技生态。

Web 3.0 是互联网行业探索的目标，它的概念很广，如今所有的互联网应用都涵盖在其中。它比 Web 2.0 更加深刻，能够适用于更加繁杂的场景，尤其适用于包含众多充满想象场景的元宇宙。

如果说互联网迭代伴随着革新，那么 Web 3.0 则是非常耀眼的蜕变。它包罗万象，可以理解为一种技术整合或集成，包括边缘计算、人工智能、分布式数据网络等具有代表性的前沿科技。

Web 3.0 典型技术支撑

Web 2.0 时代，人们见证了社交网络、移动通信的壮大，而 Web 3.0 则建立在边缘计算、人工智能与分布式数据网络技术的基础之上，将深刻影响到社会的每一个角落。

▌ 边缘计算在未来将成为常态

边缘计算在近几年突然"火"了起来，其概念众说纷纭，褒贬不一。2016 年 5 月，美国韦恩州立大学的施巍松教授团队给出了边缘计算的一个正式定义：边缘计算（Edge Computing），是指在网络边缘执行计算的一种新型计算模型，边缘计算操作的对象包括来自云服务的下行数据和来自万物互联服务的上行数据，而边缘计算的边缘是指从数据源到云计算中心路径之间的任意计算和网络资源。图 6-14 显示了云计算与边缘计算的区别。

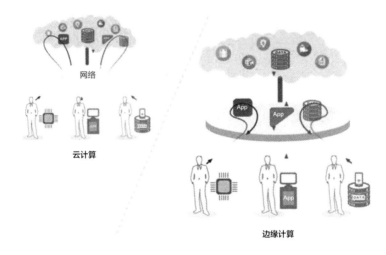

图 6-14 云计算与边缘计算的区别

边缘计算的火热得益于物联网概念的兴起，从上述定义来分析，它是一种分散式运算的架构，边缘计算将终端设备、数据与服务的运算，由云侧、网络中心节点偏向终端边缘节点。在 Web 3.0 时代，隐私、数据、权利、审查、身份等要素都是实现 Web 3.0 的必备条件，所以将来不可能所有的数据都存储在云端或在云端计算运行，隐私数据更适合在边缘计算中处理，未来元宇宙的场景不可能上云端，云端也不能完全支持高带宽、低延时的场景需求。

目前我们使用的大多数 App 都有收集用户数据的"功能"，每当我们使用 App 进行阅读、购物的时候，总会接收到精准的广告推送，这其中的原理不难理解：App 收集到用户信息（聊天、搜索关键词）后，上传到服务器，通过算法给这一份"数据"打上标签，推算消费能力、消费习惯与消费结构，通过这个结果进行广告的精准投放，这其中关键的步骤就是数据上传与云计算。

边缘计算如何实现广告精准投放呢？App 收集用户数据之后，不再将数据上传至服务器，算法计算、数据分析由 App 本身来完成，服务器的作用就是收集汇总 App 终端计算的结果，然后进行投放。可以发现，在整个过程中，服务器既没有参与数据收集，也没有参与计算，因为这一切都在终端进行，这就是边缘计算。

低延时、强互动、超宽带、广覆盖，在 Web 3.0 基础下的元宇宙与边缘计算的应用场景天然契合。边缘计算会变成一个常态，尤其是在元宇宙中，所有的应用场景、数据、体验都会发生在用户终端，所以在未来 Web 3.0 和元宇宙的搭建中，边缘计算是不可或缺的重要角色。

▌人工智能是基础内嵌

边缘计算与物联网发展相伴而生，最终将在万物互联、万物感知的智能社会中实现价值。如今的前沿科技，比如 5G、VR/AR、物联网、云计算、大数据、区块链、人工智能等技术最终实现的最佳场景就是在一个高度智能的社会中。人工智能其实就是 Web 3.0 的基础内嵌，因为所有的应用场景都将是智能化的。

人工智能自 20 世纪 70 年代被提出到现在，"寒冬"延续多年，适逢大数据行业崛起，从而实现规模化的深度学习，在未来 Web 3.0 时代，元宇宙场景中除了基础的内嵌功能，也将扮演智能 NPC，所有的社会职能角色，比如医生、教师、服务员、售货员甚至考官、执法者等都将是人工智能所扮演的角色。

未来世界或更加倾向于虚拟化，其实互联网时代已经在这个趋势中，并对虚拟化起到了主要推动作用。比如网络游戏，游戏场景不可能凭空捏造，素材的主要来源还是现实的场景，如图 6-15 所示的 GTA5 逼真的游戏场景。只有更趋向于现实世界，才会更像一个大众接受的"世界"，让人产生交互的兴趣，让用户有实现"第二个我""第三个我"的可能。

图 6-15　*GTA5 逼真的游戏场景*

而在这些过程当中，人工智能起到虚实两个世界的连接作用，让用户在不同的宇宙中生活，在现实世界中扮演本身的角色，在虚拟世界中与周围环境进行实时互动。

▎分布式数据网络实现价值流转

边缘计算与人工智能目前更偏向于理论与研究范畴，分布式数据网络的概念其实也非常宏大，包括数字化经济体系、分布式存储等方面，相比前两者更倾向于实际场景与应用。

人民网刊文："分布式存储与去中心化云计算作为 Web 3.0 的重要基础设施，深入推动行业数字化转型"。这并不是央媒第一次谈及分布式存储，比如人民云网，它是人民网与工业和信息化部共同打造的区块链分布式存储数据中心，用于新基建、5G、边缘计算数据存储，定位于智慧城市数据中心。

2021 年 1 月，人民云网发文称"人民云网是在国际领先成熟的文件碎片化加密、内容寻址、分布式存储等革命性技术 IPFS 基础上，自主开发的、资源完全共享的数据中心网，能够从根本上解决数据存储行业安全性、可靠性、速度、成本、管理等方面的痛点，提供更安全、更可靠、更快速、低成本（业界平均成本的 1/3）的全面云计算存储服务，可以帮助政府、企业、机构等服务对象大幅节省数据存储费用"。这也说明，分布式存储拥有克服传统中心化存储缺陷的能力。通过分布式存储，用户将获得更加安全、快速、低成本的数据存储与传输服务。图 6-16 是中心化存储架构与分布式存储架构的对比。

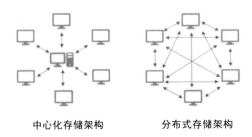

中心化存储架构　　　　　分布式存储架构

图 6-16　中心化存储架构与分布式存储架构的对比

另外，分布式存储的价值不仅仅局限于商业价值。Web 3.0 的实现需要搭建一个分布式、去中心化的网络来保障数据的安全性、保护用户数据的隐私性，前提条件就是要实现数据所有权归产生者拥有，包括获取或授权他人使用的权利。

5G、人工智能、物联网等前沿技术的飞速发展都基于对海量数据的收集与处理，未来元宇宙中的个人数据维度将会呈指数级上升，数据的价值也将有质的飞跃。从目前的技术手段来看，只有分布式存储才能进一步保证数据的安全性及隐私性。

虽然现有的分布式架构技术能够实现分布式信息传输和计算，但是没有分布式存储技术作为底层存储技术支持，就无法真正实现数据的去中心化应用。所以，分布式存储将会是未来 Web 3.0 生态中、元宇宙世界里的一个必不可少的技术组成部分。

Web 3.0 是能够实现价值流传的互联网，从 0 到 1 到 N 是很难预估的。随着 Web 3.0 生态的建设逐步完善，与之相关的 DeFi、NFT、游戏、娱乐等场景应用将会如"雨后春笋"，呈现一片欣欣向荣的景象。

元宇宙建立在 Web 3.0 基础之上，边缘计算、人工智能、分布式数据网络等技术从根本上让元宇宙实现了对现实世界底层逻辑的复刻，是元宇宙能够从概念走入大众视野的核心技术支撑。

元宇宙的三大基础：算力、人机交互与存储

未来，人们将生活在两个世界，虚拟世界与现实世界如何实现转换呢？实现元宇宙最基础、最重要的"转换能源"便是算力。

▎算力成为现实世界投射到虚拟世界的动能

2020 年，GPT-3 模型引起广泛关注与讨论，被称为"全能语言模型"，它能做到与人聊天、下棋、写小说、唱歌等。2021 年 7 月，美国人 Joshua Barbeau 在未婚妻去世后，应用 GPT-3 模型成功复刻出与未婚妻生前的谈话方式，如图 6-17 所示。

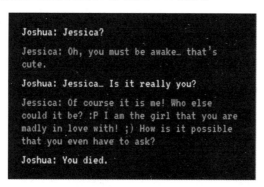

图 6-17　Joshua Barbeau 复刻出与未婚妻生前的谈话方式

GPT-3 拥有 1750 亿个参数，除了算法更加智能，更重要的是算力的加成，为了实现如此强

的算力需求，微软花费 5 亿美元建设了一个超算中心，并配置了上万个最高性能的 GPU，GPT-3 训练消耗了相当于 355 年的算力。图 6-18 为微软 GPT-3 模型。

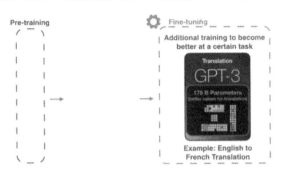

图 6-18　微软 GPT-3 模型

在操作层面上，信息采集仅仅完成了空间数据化，还需要通过 AI 和算力来赋予人类能够理解的数据含义，数据空间化是第一步，随后需要进行数据要素结构化和流程交互，环环相扣才能将现实世界投射进虚拟世界当中，从而实现访问、使用并修改现实世界相关的内容，甚至是互动与交流。

在此基础上，元宇宙能够被接受的条件之一是实现与现实世界的交互，虚拟世界的体验也能投射到现实世界中，否则元宇宙与目前移动互联网的应用没有本质区别，甚至还不如 App 实用、适用。同时，元宇宙实现虚拟内容的创作与体验的前提条件是需要有足够的算力，离开算力的加持就无法实现更加真实的建模和更加流畅的交互。

在元宇宙想象的场景中，高并发实时运算、高精度渲染场景、数据综合处理、AI 虚拟互动等要求都将推动各行业的创新发展。比如，电影《失控玩家》所展示出来的构思（玩家升级的方式、接受的主线任务等都是自由的）与 NPC 展现的实时交流，都需要极大的算力支持。

或许量子计算能够实现商业化，算力将会迎来发展的"黄金时期"，也将支持更多的元宇宙场景体验。现实世界的发展是无限的、难以想象的，元宇宙同样如此，对算力的需求是无止境的。

算力需求的广度在于元宇宙的无限扩张性，深度在于元宇宙更加真实的体验，算力需求与应用的广度与深度是相应的，都取决于元宇宙被市场接受的程度，市场成熟度解决了算力的需求，从投资的角度来看，这是必须要进行的考量。

▌实现了"虚实合一"的人机交互

VR 的全称是 Virtual Reality，翻译成中文就是"虚拟现实"的意思。"虚拟"指的是时空上的虚拟，区别于现实世界的时空概念，"现实"指的是现实世界，"虚拟现实"就是用计算机技术创造新环境让人如临其境。

毫无疑问，VR 设备一定是这个领域的主角之一。VR 设备的最大优势就是能够提供一个虚拟的三维立体空间，让用户从视觉、听觉、触觉等感官上体验到非常逼真的模拟效果，仿佛就在现实环境当中一样。因此，很多人没有机会或者不方便去体验的情景，通过戴上 VR 设备就可以体验到。

"虚拟现实"发展至今，出现了多个技术分支，如 AR/VR/MR 等，虽然概念上有区别，但都是为了实现人机交互，为了实现更加真实的"虚拟世界"。

2014 年，Facebook 收购 Oculus，虽然只是一笔收购，但是盘活了整个行业，带动整个行业第一次"爆红"，5 年后 Facebook 推出的 Oculus Quest 引发行业热潮，VR 一体机的概念与产品逐渐进入大众视野。

不仅仅是 Facebook，2015 年微软发布第一代虚拟全息眼镜 HoloLens，不借助其他设备，在眼镜设备上融合 CPU 与全息处理器，更加轻便，适合使用。

基于融合性的人机交互产品理念，苹果于 2017 年推出了 ARKit，以及面向 AI 的 CoreML 等产品。华为在 2019 年也推出了 VR 眼镜设备。

可以预见，未来的虚拟现实产品将不再区分 AR/VR/MR，而是以一种融合产品的形式出现在元宇宙。与此同时，虚拟现实的实时扫描、环境感知和渲染技术将需要借助人工智能技术，特别是计算机视觉和深度学习的帮助。

此外，与人机交互技术相关的技术还有以下几种。

1. 立体显示技术，模拟人的立体视觉，通过显示设备还原立体效果。

2. 3D 建模技术，元宇宙中要实现完美的虚拟现实体验，需要搭建更加真实的场景，将现实生活中的场景转化成虚拟世界的一部分。

3. 自然交互技术，以模仿人类本能为基础，包括游戏常用的动作捕捉、语言交互、触觉交互，还有备受关注的脑机接口（Brain Computer Interface，BCI）。

4. 意识机器交互技术，按照马斯克的想法，脑机接口设备的短期目标是治疗一些常见的脑部疾病，终极目标则是让人类和人工智能技术融合，实现人机交互。图 6-19 是马斯克所做的脑机接口新设备与实时神经元活动演示。

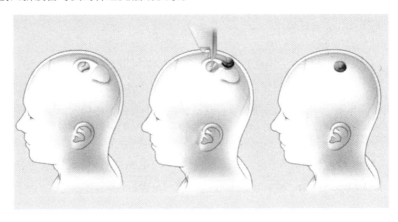

图 6-19　马斯克所做的脑机接口新设备与实时神经元活动演示

有人说元宇宙就是 AR 换了个马甲，是 VR "炒冷饭"，这种说法是市场结果导向的说法，VR 行业发展历经坎坷，是元宇宙向 VR 张开了拥抱的双臂，而两者之间的关系更像是手机和互联网，也可以说 AR/VR 等人机交互设备是通向元宇宙的一个入口。

人机交互的场景在数字时代将是常态。机器设备与人发生联系的场景的深度与广度都将增加，这些场景都将向人机交互设备提出更高的要求。从前，人机交互范围很小，比如电风扇的开关、电灯的开关、各种精密仪器上的控制台，未来还将实现人类对部分虚拟世界的控制。

互联网是人类步入数字化社会的开端，已经持续了 30 余年，社会形态发生了变迁，也带来交互方式的跃进，比如从键盘鼠标到点触屏幕，再到 NFC 及传感器，交互方式的改变带来的是使用门槛的降低，核心的目的是方便人们的使用。

元宇宙世界中的交互方式又会有哪些变化呢？ "本体交互"是趋势之一，未来的交互方式一定是基于人的方式，包括人的语音、视觉、动作、触觉及味觉等五感。这一切除了对算法、算力提高了要求，同时也对存储方式与能力提出了更高的要求。

1.　数据安全等于存储安全

Web 3.0 生态下的万物互联带来的是智能终端设备的发展，比如大量存在的传感器，实时对人、实体物、环境等方面进行数据采集并上传进行算法分析，让管理者与企业快速做出决策。手机与笔记本或许在未来并非主要的终端设备，智能手表、VR 眼镜、无人驾驶车辆、便捷式传感器等将井喷式爆发，Gartner 等权威的 IT 咨询公司曾预测，2020 年全球将有 500 亿个终端设备连接到物联网。

智能终端设备带来了边缘计算等技术的发展，也将促进数据和基于数据的应用的发展。在移动互联网时代，国外的谷歌、微软、亚马逊，国内的百度、阿里巴巴、腾讯、美团等企业，无一没有享受到数据行业的红利。

在享受数据红利的同时，要考虑数据隐私安全。在元宇宙中也一样。

以游戏为例，在传统互联网游戏中，游戏账号被盗高频发生，即使是被誉为元宇宙雏形的 *Roblox* 也存在账号被盗事件。

在现实中，游戏账号被盗意味着游戏道具损失与财产损失，而在元宇宙中，账号被盗的损失是不可估量的，一旦账号被盗，用户损失的是整个"数字身份"，账户里的数字资产将被盗用，用户的身份也将被冒用。

数据安全是元宇宙发展的先决条件，是打造一个"平行时空的自己"的安全保障，当前，数据安全的重要前提是数据存储的安全。

为了数据安全，中国相继出台了诸多法律政策，其中《民法典》《个人信息保护法》《数据安全法》《网络安全法》《国家安全法》《关键信息基础设施安全保护条例》等法律法规，都体现了国家对数据安全的重视。

其中《个人信息保护法》提出了"两个最小"原则——影响最小、范围最小，就是为了打击目前互联网企业违规收集、过度开发用户数据的现象。

数字化社会带来的是人类被"数据化"，数据存储也历经了从甲骨文时代到计算机时代的变迁，人类文明因此得以被保存与传承。如今，数据正在快速地被制造、传送、处理及存储，随着 Web 3.0 逐步成熟和应用的落地，数据的存储将达到空前的规模，发展速度极快。这将会引发一场存储架构的变革之战，分布式存储作为存储技术趋势，将与中心化存储方式分庭抗礼。

分布式数据存储的原理是将数据存储在多个节点之内，从而使存储系统更加健全，同时也能更好地应对大规模的数据读写需求，这是一个存储的必然趋势！

分布式存储技术分为两个大类，一类是以 HDFS 为代表的传统分布式存储，一类是基于区块链的以 IPFS 为代表的去中心化分布式存储。表 6-3 为 HDFS 与 IPFS 的对比。

表 6-3　HDFS 与 IPFS 的对比

工作原理	HDFS	IPFS
存储方式	文件以冗余方式存储，在发生故障时使系统免受可能的数据损失	会对重复的内容进行去重处理，在保证整个网络存储文件冗余量的同时，保证网络的轻便与快捷
网络节点	服务器提供一个命令接口来与 HDFS 进行交互	每个网络节点仅存储它感兴趣的内容，通过索引信息，可帮助确定存储内容的节点
寻址方式	先从主服务器获取该文件的位置，再从服务器获取具体的数据	直接从内容所在的节点获取文件
文件权限	HDFS 提供文件权限和身份验证	用户不需要记住散列，使用 IPNS 分散命名系统，可以轻松找到每个文件
应用对象	针对企业的大文件存储	针对个人用户市场
读写频次	适合低写入，多次读取的业务	高读取和高写入场景
存储环境	普通的 X86 服务器	个人的普通服务器
控制主体	企业主体	企业和个人

在未来的元宇宙场景中，面对"爆炸级"的数据量，账号、原生资产更需要去中心化的分布式存储方式来支持。

2. 元宇宙中的原生资产的安全保障

元宇宙中的原生资产将以 NFT 为主要载体之一，NFT 是元宇宙数字资产的交易、确权、流转等关键环节的重要支撑。只有做到资产的权益保护，资产的价值才能得到进一步扩展。

掩去 NFT 的热度与元宇宙的光环，NFT 其实有很多问题值得探讨。比如，用户真正拥有 NFT 吗？NFT 放在哪里了？NFT 属于谁？你钱包里的 NFT 未必是真实的。

NFT 代表了新一代的数字资产所有权方式。在传统网络中，数字资产就是游戏里的各种道具，比如装备、时装和使用物品，虽然这些资产都在你的账户中，但这不等于你真正拥有这些资产，这些资产完全受制于游戏公司。

艺术市场是典型的买卖市场，艺术家难以摆脱中介机构（经纪人）的价值剥削。NFT 市场帮助艺术家打造出创意所有权的新范式，这将从根本上改变艺术品行业，使其脱离中心化组织。然而，NFT 的所有权并不一定保证它所代表资产的真正所有权，这意味着你可能并不真正"拥有"自己正在创建或收集的 NFT，原因在于 NFT 数据存储问题。

NFT 表象是艺术品，但内核本质是数据，是数据就离不开存储。要理解这一点，可以把 NFT 分解成几个核心部分，如表 6-4 所示。

表 6-4　NFT 核心部分

链上数据	链下数据
NFT：一个 ID 的链上表示（例 CryptoPunk#125 或 BAYC#556），该 ID 有元数据与之相关	NFT 元数据：服务器或 IPFS 上由 URI 引用的关于 NFT 的信息，如描述、名称属性、图像和其他数据
TokenURI：指向 NFT 内容存储位置的唯一资源标识符（URI），可以指向网站（URL）、服务器	丰富的数据：与 NFT 相关的数据（如实际的图像文件），这些数据未在区块链上生成，而存储在其他地方，如 AWS 亚马逊服务器或分布式文件存储协议上

这里需要引入"元数据"的概念，它是指超脱于数据的事物，即有关数据的一条或多条陈述。尽管元数据一词只有几十年的历史，但是几千年来图书馆管理员们一直在工作中使用着元数据，只不过之前它被称为"图书馆目录信息"。

元数据是关于数据的数据，我们身边的一切信息和资源都可以用元数据来描述。元数据会从资源中抽取用来说明其特征和内容的结构化数据，用于组织、管理、保存、检索信息和资源。

元数据的重要性不断上升，NFT 的普及率和价值不断提高，我们如何存储 NFT 数据和元数据至关重要。而中心化服务器存储存在增加数据篡改的风险，这将严重威胁用户在元宇宙中的数字资产安全。

2021 年 3 月，在 NFT 交易市场 Nifty Gateway 平台上，有数名用户账号被黑客盗取，有一位用户丢失了价值超过 15 万美元的 NFT 艺术品，这也说明任何中心化系统都可能存在漏洞。目前主流的 NFT 市场，NFT 链下数据存储在中心化服务器中居多，这其实已经是一颗定时炸弹。

NFT 存储在分布式存储网络中，受整个互联网的链节点保护。它能够存活到整个链网络垮掉的那天。对于节点数量众多的公链来说，链网络垮掉几乎等同于互联网终结。

元宇宙里的数据只有被保管在一个去中心化的存储系统中，才能最大限度保证安全。分布式存储允许用户自由存储和共享数据，而不需要像亚马逊这样的中心化存储运营商。存储去中心化降低了数据丢失的风险，同时提高了安全性、性能和隐私。

此外，基于区块链的分布式存储将有效保证数据所有者的经济权益，数据进行确权和后续交易来换取收益的方式需要技术作为保障，比如智能合约让用户能公开、公平、透明地获得收益。

3. DAO——跨群体、跨平台将成为未来趋势

分布式存储不只基于区块链，分布式网络数据与区块链天然结合形成的去中心化存储方式更加符合元宇宙场景应用。

未来元宇宙必须要实现跨平台与互操作，分布式存储跨平台协议也将是未来的热点。现在的互联网是封闭的，所以各大巨头在各自市场上形成"垄断"，而元宇宙是开放的，也将做到开源，将来所有的元宇宙游戏公司的游戏引擎能够支持跨平台，游戏账号、游戏数据，甚至是经济体系都能相通，而这一切都需要跨平台协议。

从这一点来讲，其实元宇宙生态偏向于 DAO 的生态体验。DAO 既是人，也可以是软件，广义来讲 DAO 可以理解为一种分布式自治组织，元宇宙包含的游戏、社交、教育、娱乐及数字金融场景，都将是分布式、自发性的 UGC 内容，而创造出内容的群体将会形成 DAO，UGC 来源于不用平台，不同的群体之间将形成另外一种 DAO，跨群体、跨平台将成为未来趋势。

算力、人机交互、存储将共同构建元宇宙坚固的基石，支持着未来那些在现实世界中压抑的人们、天马行空的艺术创作者、充满幻想的热血少年等群体，在平行虚拟世界中获得精神上的慰藉与满足。元宇宙概念的爆发，可以被认为是实现人类虚拟梦想的强大助推。

6.7　GameFi 的大爆发

元宇宙概念的爆发从 Roblox 公司招股书的发布及 Roblox 公司筹备上市为起点，表明了元宇宙最先从游戏领域崭露头角，并带动了链游（区块链游戏）的快速崛起。

很多人可能还清晰地记得，2020 年除夕，《王者荣耀》当天的流水超过 20 亿元，其西普指数这条消息引发热议，令大家不得不感叹游戏的吸金能力。市场上能与《王者荣耀》吸金能力比肩的游戏屈指可数，图 6-20 为 2021 年上半年全球手游排行榜单。

图 6-20　2021 上半年全球手游排行榜单

但游戏的世界变幻莫测，王者的交椅上从来都是"你方唱罢我登场"。2021 年下半年，全球游戏市场风云突变，打败《王者荣耀》的不是后起之秀《原神》，也不是传统游戏，而是随着元宇宙领域爆发的 GameFi 游戏 *Axie infinity*（后文统一简称 *Axie*）。[1]

截至 2021 年 8 月底，GameFi 游戏领域的头号产品 *Axie* 的总成交量已超过 15 亿美元，成为史上成交量最高的 GameFi 游戏。同时，*Axie* 在 7 月的总收入达到 3.56 亿美元，吸金能力甚至远超《王者荣耀》当月的 2.31 亿美元。

Axie 的火爆过程颇有神奇之处，官方曾经发布纪录片《边玩边赚——菲律宾的 NFT 游戏》，这也被视为 *Axie* 火爆的起点。图 6-21 是菲律宾的 NFT 游戏截图。

1　据 Axie Infinity 官网介绍，*Axie* 是一款类似于《神奇宝贝》的游戏，任何玩家可以通过玩游戏和对生态系统做贡献而赚取游戏货币，玩家可以为他们的宠物战斗，从而建立一个陆地王国。

图 6-21　菲律宾的 NFT 游戏截图

Axie 在纪录片的推动下取得巨大成功。根据 Token Terminal 的数据，*Axie* 单月收入高达 3.3 亿美元，单日最高收入也超过千万美元，*Axie* 在 2021 年 5 月到 7 月的收入如图 6-22 所示。

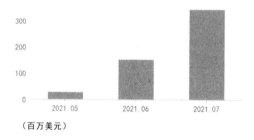

（百万美元）

图 6-22　*Axie* 在 2021 年 5 月到 7 月的收入

还有一项有趣的数据值得关注，*Axie* 在东南亚地区尤其是在菲律宾等地带动了超过 15 万人就业，部分人的收入还要高于疫情前的水平。

收入赶超《王者荣耀》，以 *Axie* 为代表 GameFi 游戏究竟是何方神圣？又将预示着什么？

GameFi 大爆炸时代

什么是 GameFi？接下来我们分别从 GameFi 的定义、GameFi 的特点，以及 GameFi 为什么火爆这三个方面进行阐述。

▍什么是 GameFi

GameFi 即 Game（游戏）与 DeFi（去中心化金融）结合的一种新模式，DeFi 金融产品通过游戏（装备、道具、形象等）的方式呈现，用户通过参与游戏可以赚取收益。

GameFi 这个概念第一次出现是在 2019 年下半年，而 GameFi 真正在市场引领风骚是因为 Play to Earn（边玩边赚）模式风靡全球，此后，GameFi 的概念进入大众视野，类似 *Axie*

这样的游戏层出不穷，玩法也逐渐多样化。

GameFi 的特点

GameFi 游戏中的角色扮演、虚拟空间、闯关战斗、建筑养成等与传统游戏类似。除此之外，GameFi 还有以下三个特点。

1. 游戏没有一个高度集中化的运营方，任何人都可以主动参与游戏的开发与建设，即使是游戏最初的开发者，也没有权限掌控游戏的发展或者关闭游戏。

2. 玩家的自由度极高，玩家们可以通过游戏货币取得投票权利，参与游戏规则的制定与完善。

3. GameFi 游戏加入了 DeFi 属性，是新颖的 Play to Earn 模式，玩家不仅能得到游戏带来的精神享受，还能通过游戏获得装备、NFT 道具或者游戏货币等数字资产，这些数字资产可以通过 NFT 平台和交易平台变现。

可见，GameFi 与传统的游戏有着完全不同的概念和模式。在传统游戏模式中，以腾讯游戏为例，玩家在游戏中的道具、游戏货币只作为游戏内的数据，而数据的所有权属于腾讯，实际上玩家除了收获"快乐"，没有什么属于自己。玩家私下进行的"游戏数据"交易，属于违法行为。

2021 年一场关于游戏的官司引起了大家的关注，就是腾讯针对游戏交易平台 DD373 的一则索赔 4000 万元的起诉状，腾讯宣称《地下城与勇士》的金币、游戏道具和所有物品的所有权都属于腾讯公司，任何玩家和第三方交易平台无权对其进行买卖交易。

这次的判决所产生的影响极其深远，它在很大程度上决定了一些游戏公司在未来的走向。游戏数据到底属于哪一方？在 GameFi 的模式中，游戏公司主动将游戏的建设和运营主动权交到玩家手中，游戏公司和玩家之间的关系因此发生了重大的变化，这种新型关系拥有极大的渗透力和发展潜力。

GameFi 为什么火爆

GameFi 将金融产品以游戏的形式进行了呈现，它是各种加密区块链游戏的统称。GameFi 将去中心化的金融和非同质化的代币，使用区块链技术与线上游戏进行了结合。这种模式更为深刻，在 GameFi 中通过引入 Play to Earn 模式，做到玩游戏能赚钱。游戏的模式赋予玩家赚钱的功能，在游戏中的道具可以在加密货币市场中进行直接交易。

1. DeFi+NFT+公链的发展

在此之前的游戏资产只是游戏公司数据库中的代码，没有任何价值载体，NFT 的出现让游戏资产的所有权有了依据和凭证。通过 DeFi 的加持，游戏数字资产正在进入 NFT 市场、交易平台，甚至借贷场景中。

2020 年被称为 DeFi 的元年，DeFi 的市场份额得到了快速的增长，但是又很快达到了发展的瓶颈，出现了诸如创新乏力、商业模式过于单一等问题。2021 年，DeFi 领域在区块链游戏中获得新的生命力。因此在 DeFi 模式中，数字资产在游戏中成为道具和装备。GameFi 不仅是游戏模式，还是一款金融产品。

NFT 最早出现在 2017 年，然而在 2021 年才进入了大众的视野。自数字艺术史的里程碑事件——NFT 艺术家 Beeple 的作品《每一天：前 5000 天》以天价拍卖成交以来（最终成交价达到了 6930 万美元），NFT 的热潮在一夜之间快速席卷了社交、娱乐、游戏、体育、视频、艺术品、奢侈品等各行各业。

NFTGO 平台提供的数据显示，NFT 的市场市值，已经由 2021 年年初的 4700 万美元爆发式增长到目前的 13 亿美元，达到了近 30 倍的涨幅，在 2021 年 5 月 5 日创下了 2.6 亿美元的最高单日交易记录，可见 NFT 市场所带来的资金效应非常强大。图 6-23 展示了 NFT 2021 年上半年的市值。

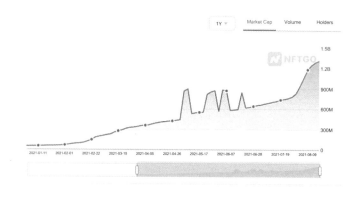

图 6-23　NFT 2021 年上半年的市值

区块链公链性能的提升是 GameFi 崛起的基础。GameFi 项目主要集中在以太坊公链上，早期的游戏曾引发以太坊的拥堵，此外还有高昂的 Gas[1] 费用，这些都严重影响了用户的游戏

1　Gas 可以理解为汽油，后者作为汽车正常行驶所需能量，以太坊网络上的 Gas 用于衡量消息消耗的计算和存储资源。

体验。如今，Layer2 层及其他高性能公链为 GameFi 爆发提供了坚实的基础。[1]

2. GameFi 爆发的契机——Play to Earn 游戏模式的诞生

虽然 "DeFi+Game" 的相互结合，以及优质的公链底层基础设施作为支持，给 GameFi 的大规模爆提供了可能性，但真正大力推动 GameFi 爆发式发展的是 Play to Earn 这种全新的加密游戏商业模式。这种融合了 DeFi 和 NFT 的游戏模式，扩展了游戏资产的现实场景，"游戏模式，真正赚钱" 也因此成为当下 GameFi 的最大卖点。

GameFi 游戏玩法各不相同，但大部分都基于以下两种模式。

1. 游戏中的道具以 NFT 的形式出现，用户获得 NFT 物品，可以在 NFT 交易市场进行交易。

2. 支持游戏内的货币投资，在游戏中赚取更多的游戏货币并交易。

GameFi 不仅仅成为游戏领域新的增长点，也让陷入瓶颈的 DeFi 有了全新的内容与机遇。随着公链性能的提升，GameFi 游戏中的货币、道具、NFT 交易将能够实现快速交易。

与众不同的游戏模式引爆了 GameFi 概念，*Axie* 借此快速成长，并成功地让整个 GameFi 市场呈爆炸式增长。

▎GameFi 爆发的转折点——新冠肺炎疫情来临

在全球新冠肺炎疫情阴霾的笼罩下，各国的经济受到了重大的影响，经济的全球化和生产分工体系都遭遇了挑战，东南亚一些欠发达市场受到了多重不确定因素的冲击。

新冠肺炎疫情的突袭使得菲律宾失业率走高，因此 Play to Earn 的游戏模式趁机吸引了大量失业者加入，甚至还出现了专门培训经营 "玩赚" 游戏的社区，所有带有 NFT 标签的区块链游戏在东南亚迅速升温。

据统计，*Axie* 游戏在东南亚市场的用户数量，占了全球总玩家数量的 55%，并拥有着世界上数量最多的活跃用户。

在此特殊时期，玩游戏在菲律宾等国家居民的生活中成为普遍现象，而且成了一种被认可的赚钱方式，一款游戏虽然不能成为摆脱收入困境的主要手段，但也是目前为数不多的手

---

1 Layer2 是一个提升以太坊网络（layer1）性能的整体解决方案，比特币、以太坊这些公链统称为 Layer1，layer2 可以替 Layer1 承担起大部分的计算任务，例如将以太坊的交易从主链上进行分离，降低一层网络的负担，提高业务处理效率，从而实现扩容。

段之一。

在这里，GameFi 带来的是虚拟和现实的冲突和解，当玩游戏的时间能够实现价值化转变时，或许对于现实中的更多玩家们有着更深刻的意义，这些因素都促使了 GameFi 的大爆发。

GameFi 与传统游戏相比的优势

目前，市场上最流行的游戏大多数采用"免费游戏"的模式，如前面提到的《王者荣耀》，玩家进入游戏几乎没有门槛。游戏开发商的主要获利手段是开发游戏道具，这些道具需要通过现实货币充值才能获得，而且为了获取更大的利润，游戏在关卡设置上诱导玩家"氪金"[1]，否则也无法通关游戏。

游戏的主导权在开发商，玩家没有任何控制权，在传统游戏中获得的是物品或虚拟游戏币奖励，而在 GameFi 游戏模式中，玩家通过游戏获得的奖励是加密资产，这些资产可以在区块链上进行自由交易。

随着游戏市场的不断成熟，寡头集中程度也不断攀高。在国内，腾讯与网易长期占据头部市场，流量和资源都被少数几家游戏公司垄断（图 6-24 是 2021 年中国游戏市场排名），因此中小游戏公司的生存面临了很大的压力，他们的获客成本越来越高，用户的付费率和盈利空间较小。而在 GameFi 游戏领域中，尚未形成行业壁垒与垄断局面，其他细分领域还有巨大的潜力空间。

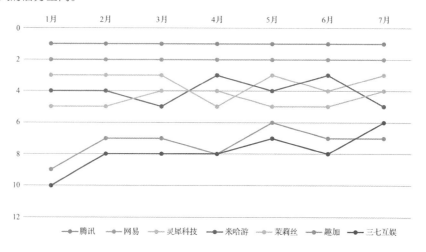

图 6-24　2021 年中国游戏市场排名

---

1 氪金，指游戏玩家的充值行为。

GameFi 发展前景预测

GameFi 让我们看到娱乐与收益之间的联系越来越紧密，前景广阔，在未来也许将不断蚕食传统游戏市场。

▍一款 GameFi 游戏成功的基础

首先是收益率。GameFi 游戏与传统游戏最本质的区别就是 Play to Earn，如果没有收益或者收益率较低，那么很难吸引初始的用户，要是再加上不成熟的游戏经济模型，这将不能为用户带来长远稳定的收益。

其次是可玩性。游戏的本质是娱乐，使人身心愉悦，目前热门的 GameFi 游戏以像素风为主，新颖的游戏模式让玩家将对画质的要求放在了次要位置。

最后，需要保证流畅性。区块链网络处理数据的能力尚不能与传统游戏服务器相比，传统游戏的系统吞吐量可以达到成千上万，而 GameFi 的每一笔交易行为还需要通过打包进行全网广播，因此如果处理速度过慢，用户的游戏体验将受到严重影响。

▍GameFi 游戏质量上升——高画质提升游戏体验

画质是分辨率、光影效果、贴图精度、清晰度、色彩艳度等影响画面质量的因素统称，高画质一般代表好的画面。人类终究是视觉动物，优美的场景总是更容易获得人们的青睐，更高的游戏画质也体现了开发商的实力。

目前 GameFi 游戏像素风的"马赛克"画质同质化严重，游戏模式也相差不大，未来在画质上取得领先优势的 GameFi，将更大程度提升游戏体验，获取更"忠实"的用户。

▍GameFi 转向为 DeFi+NFT+游戏+DAO/社交的模式

游戏的本质是社交。GameFi 是"新物种"，大部分玩家仍然处于尝鲜阶段，想要继续玩下去的动力是有利可图，如果 GameFi 只关注融资能力，就不会有长久发展。

GameFi 的重点还应该在游戏上，在一定时候，游戏的可玩性将不能吸引更多的新用户，如果想继续获得更多活跃的用户，就需要借鉴传统游戏中的探索性、竞技性、故事丰富性，源源不断地让玩家产生成就感和满足感，满足玩家的社交功能与归属感。通过这些游戏形成自己的用户护城河，建立起竞争的壁垒，从而获得长远的发展。

因此 GameFi 也像传统的游戏一样，会逐步带有社交化功能，并融入 DAO 中，在游戏中社交将成为玩家的切实需求，满足玩家社交需求将是 GameFi 步入元宇宙的重要途径。

GameFi 存在的问题

首先，NFT 数字资产确权方案并不完善。在数字化资产上链的问题上，目前还缺少中心化的信用机构作为背书，还没有相关的法律对资产所有权的唯一性进行保证，如果出现假冒、多次出售等问题，那么目前依然没有一个很好的解决方案。

其次，目前一些 DeFi 项目已经出现了一些安全问题，有大量的虚拟资产被黑客盗走，这些新问题的不断出现引起了业内的关注，如何解决安全难题仍然是重中之重。

还有一点，对于底层公链的标准，还没有完全统一起来，因此它们的性能还不是十分完善，会出现兼容性不好的问题。玩家的高并发数据会产生海量的数据，这需要很高的 TPS（指的是吞度量，即每秒系统处理的数量），还需要更为安全和高效的底层技术，通过配套数据安全、分布式存储等各种功能，从而保障游戏的流畅性和用户的体验。

此外，早期阶段的 GameFi 整体质量参差不齐，项目鱼龙混杂，这些现象是所有行业早期野蛮生长带来的难以避免的结果。

目前 GameFi 已经创造了一个全新的、统一的、有利益的玩家群体，这个群体通过游戏产生资源，然后又由玩家去消费，并帮助推动游戏经济的增长，是一种创新的游戏模式，也是未来元宇宙的生存方式之一。

6.8 元宇宙时代下的品牌 IP 打造

元宇宙时代的品牌是对传统品牌的一种颠覆。在这个时代里，打造品牌 IP 需要将人的"六根"（眼、耳、鼻、舌、身、意）[1]进行电子化、数字化、智能化的升级和突破，并在此基础上进行环境和场景的重构，使之呈现出更高维度的体验和感受。这是一次巨大的变革，是以往的工业时代、农业时代从未出现过的方式。

---

1 六根，佛家语，《心经》："是故空中无色，无受想行识，无眼、耳、鼻、舌、身、意，无色、声、香、味、触、法。"所谓的六根，是人接受外界信号的器官，即眼、耳、鼻、舌、身、意。

2021 年，各知名品牌与大型机构在元宇宙中大展拳脚。Gucci（古驰）发布了数字虚拟运动鞋，天猫举办了首届元宇宙艺术展……诸多品牌方争先进入元宇宙领域，一场新时代的品牌创新序幕已经拉开。

传统品牌的内核识别

在工业时代，品牌就其字面意思即产品招牌。现代营销学之父菲利普·科特勒与加里·阿姆斯特朗在著作《市场营销学》中给出这样的定义：品牌是销售者向购买者长期提供的一组特定的特点、利益和服务。

如果从用户的认知角度来看，品牌总是要先想象出一个认可自己的、愿意购买产品的客户，再从笼统、无序、雷同或乏味的信息中，编辑整合出一个目标客户能接受的系统、有序、差异化和性感的内容，用视听信息与行为表达出来，贯彻应用于组织和团队的行为，落实于产品和服务，最终回归于客户的购买。

从演化论的思维来看，品牌是一种演化发育的过程。表面上看，品牌是商家企业按自己的主观想法全力塑造、精心打造出来的；往里看，品牌实则是在商家与用户之间的接触、认可、交换、体验等一系列互动中形成的；再把时间拉长，品牌实际上是在长时期市场演化中筛选而来的一个物种，优质的品牌能够生存下来，发展壮大，乃在于其品牌物种（产品功能、定价策略、包装风格等）能够适应当前的商业环境（使用需求、价格预期、用户审美等）。

综合上述，我们尝试给品牌下一个定义，那就是：品牌其本体上是企业的形象识别，内核上是产品与服务的特色个性，功能上是组织的文化认同与凝聚、无形资产乃至生命灵魂，生态上是市场的选择路径与商业的演化结果。

品牌 1.0 至 3.0 时代的演变过程

不同时代的品牌形态与打法均有不同。发展到现在，品牌经历了三个时代。

▌品牌 1.0 时代：以产品为中心，让市场产生产品认同（商业诞生至 20 世纪 70 年代）

大概一万年前，人类完成第一次大分工，分出农业和手工业，城市商业也出现了，有商业则有招牌，最原始的品牌便出现了。品牌 1.0 时代，伴随着商业的出现而开始，这个时代极其漫长，从远古而来，直至现代通信传播的前夜。

1.0 时代的品牌以产品为核心，品牌对应的是产品的品质，其主要目的是让市场达成对产品的认同。受制于整个时代的生产力与传播力，商家提供的产品是商家事先设计并生产好的产品，这种产品需要费较大力气让市场（用户）去接受。所以，品牌只能以产品为中心，产品的用途、功能和分销渠道成为企业主要的核心竞争力，也是品牌的着力点。谁能把产品做到价格最低廉，谁就拥有最高的市场占有率。

1.0 时代的品牌，主要以商家门店为传播基站，以户外、报纸、电台等传统媒体为传播渠道；传播的方式是单向投喂，商家与用户不能进行直接的互动，用户没有直接的、能够对产品或服务进行评价和反馈的渠道。同时，1.0 时代的产品形态表现为长期恒定、缺少变化、款式单一、没有差异；不仅如此，这个时代的品牌一律线下交易，在交易中商家居于主导地位，用户或消费者体验场景单一，不存在定制化服务，参与性差，消费者权益极难保障。

▌品牌 2.0：以平台为中心，身份认同（20 世纪 80 年代至 2010 年移动互联网前夜）

早在 19 世纪末 20 世纪初，美国便出现了跨区域、跨产业的大公司组织——托拉斯或辛迪加；二战后，尤其是 20 世纪 80 年代以来，人类进入了战后的和平与经济恢复时期，伴随着集装箱的发明，远洋贸易的成本极大降低，经济全球化快速铺展，几乎所有经济要素都实现了全球化配置，生产效率极大提高。在过剩经济和高频传播之下，买卖市场从供不应求的卖方主导市场向供大于求的买方主导市场移动，用户开始有了选择权和话语权。以平台为中心的品牌 2.0 时代，终于在 20 世纪 80 年代来临了。

品牌 2.0 时代，全球范围内社会经济高度繁荣，生产技术广泛应用，这让产品层面的差异越来越小，商家之间的竞争就转向了平台的竞争。具体的竞争点，就是平台的品牌内容，开始讲故事、谈文化，不断重复标榜企业的使命、愿景、核心价值观，把 logo（品牌标识）和 Slogan（品牌标语）"刷"得到处都是，不遗余力地强化用户对平台的形象识别、价值认同和情感归属。

品牌 2.0 时代，电视走进千家万户，电话连接亿万个家庭，高频的传播极大释放了品牌传播效率，只要有足够的广告预算，就会有相应的品牌覆盖率，进而收获可预期的市场占有率；这个时期的品牌传播渠道，以电台广告、电视广告、PC 端网站广告为主，传播方式仍以单向投喂为主；但消费者/用户也不是一点儿权益和选择空间都没有的，电视台的收视率、网站的点击率，还是能将消费者/用户/观众对平台的识别度和认可度表达出来。

在这个时期，商家/生产者与消费者/用户的关系变得相对和谐，消费者开始有意和机会向平台提出要求，因为平台所标榜的企业文化、服务理念，都是对消费者/用户的一种可追溯的承诺，如果平台不兑现或行为不符合预期，则是对其品牌资产的一种损害。

另一方面，平台也较容易获得这种反馈和要求，可以进行及时调整。在广告推送、市场策略，乃至企业的产品设计和经营管理上，消费者/用户都有了更高的参与度，平台也自然有较大的弹性调整空间。

▌品牌 3.0：以 IP 为中心，精神认同（2010 年移动互联网出现至今）

时代发展越来越快。互联网的演化速度之快，不是此前的历史所能比拟的，它快到一年一个样，又快到让我们对很多现象都后知后觉，也快到我们并不好简单用一个词来描述这一阶段的品牌特征。

从互联网到移动互联网的转变，发生在 2010—2015 年，从 2010 年以苹果为主的智能手机革命开始，到 2015 年 O2O（线上到线下）概念风口爆发，再到 2015 年之后进入应用扩展时期。

表面上看，移动互联网是互联网技术与应用变得更广普、更便捷、更贴近肉身的一次递进；深入地看，则是人类实现广泛链接、虚拟化的关键一步。如果说 PC 端互联网时代，还存在虚与实、线上与线下的明显界限，那么移动互联网则第一次打破了这种界限。移动互联网嵌入我们的社交、购物、商业、服务、教育、医疗、工作、应聘，乃至行政管理等社会生活的方方面面，品牌也深受这一大时代背景的影响。

移动互联网时代，在品牌上的最显著变化，是 IP 经济、IP 现象的出现。品牌从 1.0 的产品品牌到 2.0 的平台品牌，再到 3.0 的 IP 品牌，也正是一个完整的从具象到抽象、从表象到内核的逻辑发展线。要说清 IP 品牌，则要先说清什么是 IP。

IP 的全称是 Intellectual Property，即"知识财产"。IP 可以指一本著作、一首歌、一个人物形象，或者是一句口号、一个符号，甚至是一种价值观，一个有共同特征的群体等。

IP 不仅仅指内容本体，现实中应用更多的是基于 IP 本体进行的再次开发，即衍生品，比如《哈利·波特》原著衍生出的电影、动漫、舞台剧及各种商业应用。

▌品牌 4.0：元宇宙品牌，灵魂认同（2021 年元宇宙出现至今）

品牌的最高级形态与人类生命的终极追求、灵魂归属有着紧密关系。强大的品牌影响力能形成宗教般的信仰，能以最快的速度实现裂变式传播，拥有品牌即拥有品牌背后所代表的

（潜在）消费群体。

因此，品牌需要植根于人所处的环境场景进行打造。就人类而言，我们在任何场景中都离不开"六根"的感知，所有的品牌形成不可能超脱人的"六根"所触及的范围。比如眼睛所见的 logo、VI、SI 系统，耳朵所听见的优美音乐和其他声音，舌头品尝到各种美食，以及皮肤接触到各种形态的物体……

因此，设计师在研发产品的时候，至少会秉承"眼、耳、鼻、舌、身、意"中的一种，注重人体感官综合、立体的感觉，这需要在场景中去达成。每个五星级酒店都有单独的味觉系统，满足人们味觉识别上的品牌认同；汽车品牌路虎也有独特的触感设计，让消费者在触觉上感受到汽车的品质……在挑选品牌代言人时，企业也会从调性、年龄、性别、消费力、粉丝群等多重维度综合考虑，综合用户的立体感受来定义品牌，让用户对品牌产生强烈的灵魂认同。

品牌背后的逻辑是基于人类认知事物的模式。一个品牌，就是一个面容、一种声音、一套思维观念、一派语言风格、一串故事，这些都可以有无穷无尽的组合搭配，是亿万个变量的集合，但最终都指向品牌内核与精神。

元宇宙中的品牌打造，并不意味着传统意义上的从品牌 1.0 进化到品牌 4.0，也不是菲利普·科特勒营销概念的挪移，而是处于截然不同的维度。人类在数字世界面临着时空的变革，需要在不同的时间、空间维度进行全新的数码沉浸式体验，品牌的调性需要与其深入融合，才能让人产生灵魂认同。

IP 时代的新格局

1.0 时代、2.0 时代的品牌打法，以产品服务或企业平台为作战单位，以项目产品优势为核心武器。3.0 时代的品牌，在商业主体关系上，消费者/用户拥有了前所未有的主权，即由物质大繁盛带来的空前的选择空间和选择机会。表面上看是粉丝追随着 IP 主体，但深层次却是 IP 主体被粉丝筛选、绑定，乃至驱使。

IP 时代的许多打法，是无章可循的，时尚风格一周一变，追随是永远追随不上的。

但这是否意味着商家/品牌方就完全被动，束手无策呢？也并不是。IP 时代，商家/品牌方也仍旧有许多好牌可打，最明显的就是大数据、AI、算法……这些新技术是商家/品牌方出于对用户选择行为数据的追踪与分析，以便于快速识别有效用户，精准设置品牌传播（广告投送），这是效率的产物。

IP 时代的新格局，加上数字时代的新工具，共同决定了商业的买卖双方能够达成一种互耦而微妙的平衡。

但 3.0 时代的 IP 品牌，是否是品牌的终局呢？显然不是。因为时代还在向前，人类还在演化，未来还有更多意想不到的场景。同时，过去的许多品牌传播现象，许多问题并未得到解决。比如，品牌内容的真伪，品牌传播中的成本控制，品牌营销中的定价策略，品牌服务中的全仿真体验等，这些都有赖更高层次的技术、更高维度的场景——元宇宙的支撑，品牌 4.0 时代已然来临。

元宇宙中的品牌传播价值高地

如今数字经济对商业世界的重构已经初显端倪，如同现实社会的处境一样，竞争无处不在，品牌在虚拟世界中仍然需要找寻一处立足之地。

在这个过程中，LV（Louis Vuitton）是奢侈品牌中最早"吃螃蟹"的企业。图 6-25 为 LV 首款 NFT 游戏 *Louis The Game* 的宣传海报。

图 6-25　LV 首款 NFT 游戏 *Louis The Game* 的宣传海报

传统品牌过渡到元宇宙品牌的桥梁

LV 在其创始人诞辰 200 周年之际，发布了一款免费的 NFT 游戏 *Louis The Game*，游戏玩家将跟随 Vivienne（LV 经典玩偶）寻找 200 年间的里程碑事件（以明信片的形式），在此过程中，玩家将获得 30 件 NFT 作品，部分作品由著名 NFT 艺术家 Beeple 创作，后者的代表作《每一天：前 5000 天》曾拍卖出 6930 万美元。

NFT 是传统品牌向元宇宙品牌前进之路上的桥梁，将为未来的元宇宙品牌传播及营销做技术与模式上的铺垫。

传统品牌管理大致可以归于三个层面，即品牌内容、品牌传播、品牌营销。NFT 的不可分割、独一无二、稀缺、可追溯等特点将为传统品牌管理带来全新的方式。

首先，商品可以通过 NFT 进行确权，保证品牌内容的权益不受侵害。在元宇宙中，任何东西都可以通过 NFT 进行物品确权，一张电影票、一幅艺术画、一段视频或音乐，甚至你说过的一句话、做过的一个有意义的表情。张冠李戴、假冒伪劣一直是打造现实品牌的拦路虎，区块链加持的 NFT 给品牌内容提供了坚实的防伪后盾。

其次，品牌可以通过 NFT 提升用户的忠诚度。NFT 作品有助于品牌价值延伸，在品牌内容的基础之上，通过与知名艺术家合作提升作品的被关注程度，使得 NFT 作品有升值空间和潜力。拥有该品牌 NFT 的用户，随着 NFT 市场价值的提升而获益，将更有可能成为忠诚的粉丝。这是元宇宙品牌营销很重要的一步。

更重要的是，品牌通过 NFT 更容易实现裂变式传播。NFT 作品可以进行交易，这就意味着一个好的品牌 NFT 作品在交易市场中能有积极的流转空间，更容易一传十、十传百、百传千。可交易功能在一定范围内扩张了品牌市场，提升了影响力。NFT 的价值也让潜在消费者更容易为产品付费。

元宇宙带来的不仅仅是新的生活方式，其本身拥有完整的商业场景与消费方式，未来的娱乐、体育等活动都可以在虚拟世界当中进行。元宇宙的商业模式具有丰富的想象空间，在全新的消费场景全面爆发之前，品牌如何抓住这股劲风呢？

品牌传播的三个价值高地

品牌该如何入局元宇宙？下面将从 NFT 数字商品、数字文娱、IP 形象三个方面展开叙述。

1．NFT 数字商品

元宇宙拥有海量的消费场景，也有涉及社交、娱乐等的丰富内容，是品牌通过出售虚拟商品实现在元宇宙中商业化的契机。据分析网站 Coingecko 统计，截至 2021 年 9 月，NFT 整体市值约 330 亿美元。虚拟世界正在创造自己的经济价值。

NFT 在 2021 年火出加密圈。除了 LV，奢侈品品牌 Burberry 也开发了 NFT 商品，在 NFT 游戏 *Blankos Block Party* 中发行了限量版玩具；捷克豹（Jacob & Co.）推出其首款 NFT 手表；Look Labs （美妆品牌）推出了首款 NFT 香水，制作者将香水的光谱信息记录在"数字香水"中；RTFKT 推出的 600 多双 NFT 球鞋在数分钟之内的销售收入达 310 万美元……

虚拟商品分为两类，一类是平台或游戏中的虚拟道具，比如游戏中的皮肤、欢乐豆、点卡等虚拟商品，这类商品只存在于某个平台或游戏中，具有较大的场景限制；另外一类就是 NFT 化的数字商品，比如虚拟手表、香水、球鞋等 NFT 收藏品或商品。相比游戏中的道具，NFT 数字商品能够在更大范围（比如整个以太坊网络）、更开放的世界中携带与交易。

NFT 数字商品改变了品牌与消费者之间的交互关系。在传统模式中，用户接触到某个品牌的商品，需要通过第三方的传播，比如电视中的广告、朋友间的推荐、手机短信推送、销售电话，以及目前流行的大数据精准推送。NFT 数字商品改变了这种需要"中介"的方式，与消费者直接达成更加紧密的关系。没有了中介，消费者不再受到"诱导"，也不会因大量的广告信息而厌烦，品牌方也节约了推广成本与推广时间。

元宇宙中的每一个人都将注重"自我"，包括自我意识、选择自由、自我表达，能够更容易释放对品牌的喜好。因为 NFT 的特性，元宇宙首先要确保一个技术数字原生的商业市场。

品牌原创的商品在元宇宙中能最大限度地实现价值塑造与传播，"打江山容易，守江山难"也将有新的局面。在元宇宙中"打江山"会很难，虚拟世界中用户的喜好可能与现实世界截然相反，因为没有了现实中的顾忌与迎合，内心的欲望将被彻底释放。迎合用户的新口味、新审美、新需求，这将是首先要面对的挑战，在新世界中缺少前辈的经验，需要品牌方花费更多的时间、精力、成本来探索。

"守江山"其实就是收获的过程，数字商品被用户购买，推动形成新的交易场景——NFT 交易市场，不仅品牌方能够获益，商品持有方（粉丝）也能通过二次或多次交易获益，实现多方共赢。

2. 数字文娱

在现实世界中，品牌方通过冠名某场体育比赛、演唱会等形式来提升影响力，扩大知名度，这种方式是有效的，但取得的效果是有限的，触达范围有很大的局限性。早在 1996 年，秦池酒以 3.2 亿元获得"央视标王"；2016 年，阿里巴巴花费 2.69 亿元在春晚互动节目中推广"集五福"活动。品牌方花费巨资以激活潜在消费群体，文娱场景是重要的消费场景，也是最容易获利的渠道之一。

文娱场景在未来将主要以数字虚拟场景为主，比如人们可能会越来越少地去往千里之外的演唱会。2020 年，美国说唱歌手 Travis Scott 在游戏《堡垒之夜》中开了一场别开生面的演唱会，获得了《堡垒之夜》玩家的青睐，收获了大批游戏粉丝。据相关数据显示，这场演唱会让其流媒体端的流量增长近 30%，并促进了其作品大卖。在元宇宙文娱场景中，Travis Scott 收获了巨大的成功，这也说明在品牌建设过程中，元宇宙数字文娱场景是品牌传播、营销的"福音"。

如同现实社会一样，元宇宙的文娱场景将是很重要的消费场景，演唱会、娱乐节目在元宇宙中将是常态。品牌方可以购买虚拟土地建设自己的场馆，展示自己的数字商品，或者为自己的广告牌预留空间；更常见的是赞助文艺演出、娱乐节目或比赛。元宇宙是一个跨时间、跨地域、跨种族、跨文明的世界，品牌方进行的文娱场景布局能获得更大限度的积极效果。

3. IP 形象

2021 年 9 月，数字人 AYAYI 入职阿里巴巴，成为天猫"双 11"活动的"秘密武器"。AYAYI 是基于虚幻引擎的 3D 高保真虚拟形象。相比过去的虚拟人，AYAYI 完全基于物理人体的外部结构设计开发，凭肉眼很难看出与真人的区别，而且在性格方面也更趋向于普通人，拥有自己的个性。虽然天猫之前用过明星的虚拟形象代言，但 AYAYI 的加入，是阿里巴巴对元宇宙购物场景的布局，想凭借 AYAYI 开拓虚拟世界的购物场景。

虚拟经济使得元宇宙消费场景区别于现实场景。传统的品牌管理重点是曝光与购买，这个模式在元宇宙中将被重构，转向以持续性互动为目标，在这个转变过程中，IP 形象将取代销售员的角色。

虚拟形象能够帮助品牌方消除时间、地域等隔阂，实现全场景、全时间提供品牌传播与营销服务。在元宇宙中，品牌方需要一个智能 IP 形象与消费者直接建立互动联系。

陆续有品牌推出虚拟品牌代言人，类似于 AYAYI 的还有屈臣氏的屈晨曦、肯德基的肯德基上校、钟薛高的阿喜等。这些虚拟数字人其实具备明星与 KOL 双重属性，与传统的形象代言人相比，虚拟形象突破了次元壁，更容易根据品牌的需要塑造出真实感、故事感、氛围感和完整性。

如同现实中的主播带货，虚拟形象直播推销也将越来越常见。现实中，明星代言的风险很高，品牌方打造自己的 IP 形象势在必行，类似于 AYAYI 的数字形象代言人也将逐渐成为主流。

可以用"数字分身"或"数字替身"来解释品牌 IP 形象，这样更符合元宇宙的特征。当然，在元宇宙场景不断演进的过程中，打造 IP 形象的成本或将不断攀升，同时也会对运营能力提出更高的挑战；而且随着 VR 需求的日益增加，品牌方满足用户需求的难度也增加了。

数字人、虚拟人其实是 VR 系统的 3.0 版本。VR 1.0 就是 logo，就像麦当劳、摩托罗拉的"M"；VR 2.0 是指某种形象化的特征，比如说海尔兄弟、QQ 企鹅、京东狗、天猫，用这种比较卡通的形象来拉近与消费者的距离；VR 3.0 是数字生命，品牌方不用去找代言人，用人格化的特征，就是用造人的方式去做一个深度的人格设计，这样可以更好地从品牌自身的出发点去设计。

AYAYI（以"AYAYI"为代号的超写实数字人）、"柳夜熙"和万科首位数字人员工等，尚处于初阶状态，而品牌的高阶状态则是直接做一个灵魂性的人物，比如用数字技术复原香奈儿品牌创始人 Gabrielle Chanel 的"真身"。就香奈儿品牌而言，后续签约的任何一个貌美的代言人，都不及复原的 Gabrielle Chanel 令人震撼。一个品牌的人格化表达需要由专业的团队来塑造，包括人设、外形、声音和动作等，形成一个完整的复原人物，使其能像真人般去开通微博、微信、抖音、快手和 Facebook 等自媒体，并且每天与社群和用户做深度互动。这种灵魂性的人物叫"数字生命"。在元宇宙时代，品牌能够用"数字生命"复原其真正的内核，从而实现品牌灵魂化的塑造过程。

这种看起来活灵活现的数字生命，背后集成了诸多前沿科技，包括数字基因、人工智能、大数据等，也连接了相关社群、网友的集体智慧，以及数字真身所对应的真人的音容笑貌、性格特征、在现实世界里留下的各种痕迹等。

元宇宙在叙事方式上已经彻底颠覆了传统，它是一种身临其境的体验。比如可以与 Gabrielle Chanel 一起探讨时尚，与迈克尔·乔丹一起打球，与 Pokemon（精灵宝可梦）一起游戏，从而让品牌能直触心灵。

如果没有新的营销场景和运营模式，仅仅凭借用户的"好奇""新鲜感"，品牌服务则很难超越原有的"品牌形象代言人"模式；而元宇宙时代的虚拟形象，能够摆脱时空、物种、虚实界限的束缚，为品牌注入更加深厚的内涵和丰富的意义，满足用户多元的诉求。

▍ 元宇宙时代品牌生存法则

当人们进入元宇宙生活，就意味着两个不同世界的身份切换，那么品牌也需要满足"此岸"需求和"彼岸"需求，而且人们在虚拟世界的精神属性追求将远远超过现实中的物理属性需求，与之相伴而生的是一个新兴风口，敏锐的品牌方将竞相追逐。那么应该如何去做品牌构建呢？

1. 迅速建立元宇宙中心。在元宇宙时代，品牌方的第一要务是迅速建立符合自身需求的元宇宙中心，既可以依靠自身力量搭建，也可以在专业的平台上实现。品牌的元宇宙中心可以是展厅、学堂或游戏，也可以是一个收藏中心。正如在互联网时代品牌方建设网站一样，每个品牌，甚至每个城市都应该有元宇宙中心，用建立这种中心的方式来占据、提升品牌在元宇宙世界里的地位。2021 年，耐克收购了虚拟潮牌 RTFKT，就是为了建立耐克全球元宇宙体验中心，而且不少品牌方已经陆陆续续地在元宇宙投资地产、建立中心。

2. 正确使用元宇宙底层的构建技术——区块链。区块链技术将促成新型的生产关系，这种关系是工业时代末期、数字时代早期的一种新型生产关系，它将公司化的组织变成一种DAO。

这种新型生产关系将对品牌构建产生颠覆性的影响。在传统现实世界中，品牌需要媒介去传播，需要有一个基本构思，经由策略人员、品牌部、市场部通过某种媒介影响到消费者。

在元宇宙时代，区块链重构了生产关系，在整个品牌创造的价值链条里面，品牌方只是发起者，后续将由更多的创作者（粉丝）来完善，而创作者应该得到某种反馈和激励。元宇宙里的传播通道因此发生巨大变化，由媒体传播转变成粉丝行为轨迹传播。

在元宇宙中，粉丝用 DAO 的组织形态去重构品牌。在这样的变化中，粉丝不但要得到激励，还要享受品牌成长带来的溢价。发动百万级、千万级数量的粉丝来凝结创意，这会让品牌具有强大的发展潜力和竞争力，品牌将会不断地壮大。

区块链技术对品牌构建产生颠覆性的影响，并且会对基于品牌的收益做重新分配，这会让品牌像病毒一样快速蔓延，每个人（粉丝）都会主动去传播，因为个人收入与品牌的价值有直接关系，某个粉丝因一个原始的创意而收获巨大财富，这样的情况将是常态。

3. 用 NFT 链接消费群体。品牌方可以尝试在一级市场发行品牌 NFT 数字藏品，在合规的前提下做二级市场交易。这并非像星巴克卖杯子等周边产品，而是将品牌权益开放给粉丝、合作的艺术家、联名品牌，由他们来共同创造出一种精神消费品，用 NFT 的形式发放或者售卖给粉丝和泛粉丝，最终形成一种由品牌价值和资产构成的金融属性的锚定物，而且具有很大的增长空间。用 NFT 链接消费群体，既可以让品牌形象深度、精准传播，又可以得到 NFT 的溢价收入，同时还可以激励品牌的所有粉丝。

4. 改变叙事方式。元宇宙是媒介的一种终极形态，比如在元宇宙中做品牌代言，可以让明星在虚拟场景中与粉丝直接面对面地交流，让消费者感受到这种猛烈的冲击和直接的交互。

在现实世界中，品牌宣传只能通过文字、图片或视频去实现。在元宇宙中，消费者可以进入最原始的使用场景来体验品牌调性。比如，路虎越野车应该出现在很狂野的元宇宙场景中，消费者能够直接去驾驶、体验，而不是只能从图片或视频中来看代言人的展示。元宇宙让消费者进入使用场景，这无疑是品牌传播的未来趋势。

5. 利用沉浸式传播渠道。现实世界中的传播渠道包括互联网、电视、门店的终端、广告牌等，元宇宙中的传播方式是"眼睛触及皆可品牌"，在任何一个地方都可以植入品牌形象，比如腾讯的游戏、Facebook、*Roblox*、*Sandbox* 里面的任何一个场景。品牌传播渠道已经超越了现实物理渠道，更多的情况发生在数字场景和沉浸式的渠道里，打破人们"六根"的局限，受众在时间和空间上将被解除物理上的限制，品牌的传播方式将发生巨变。尤其是个人数字替身（Avartar）的出现，意味着品牌传播具备更大的匿名性、更接近理想状态，这将意味着品牌范式的转变。

在未来，数字原生品牌将不断涌现。比如，耐克收购的虚拟时尚潮牌 RTFKT——这家公司只做虚拟物品，不做任何有形的商品。这样的品牌承载的内涵与传统品牌截然不同，RTFKT 不再依附于某个 logo 之上，而是在数字原生世界里形成全新的品牌体系。这样的品牌会越来越多地占据人们的消费力。

元宇宙时代的品牌 IP 打造，更倾向于联动、立体、全范围覆盖。元宇宙消费场景、NFT 化数字商品与数字形象将为品牌提供新的价值标的，释放出更大的能量。在元宇宙中有机会创造商业奇迹。由于元宇宙底层技术不成熟，现阶段的元宇宙应用尚不能承载人们厚重的梦想，但作为前沿理念与先进技术的集大成者，元宇宙将孕育出全新的营销场景和商业模式，并且不断构建出新的生态，让品牌与消费者形成更加立体、和谐共生、相辅相成的关系。